よくわかる
お菓子づくり
基礎の基礎

この本を読む前に

●卵は1個55gのものを使用。殻をのぞくと約50g。

●小麦粉などはあらかじめふるっておく。

●生クリームは特筆しない場合、乳脂肪分47％のものを使用する。乳脂肪分は多少この値と前後して構わない。38％とある場合、ガナッシュ(→P80)を参照して47％の生クリームと牛乳を混ぜて調整することもできる。

●オーヴンはあらかじめ温めておくこと。

●打ち粉には基本的に強力粉を使う。

●フランボワーズ framboise はラズベリー(木イチゴ)のフランス語名で、赤紫色の酸味があるフルーツ。

●「ボーメ°」はシロップなどの液体の糖度を表わす単位の1つで、比重計で計るもの。伝統的に使ってきた単位で、いわゆる濃度のように計算して出せる数値ではない。比重計では深い容器に測定溶液を満たして浮き秤を浮かべて目盛りを読むため、液体しか計れない。現在、一般的に使われる屈折糖度計(→P159)は半固形状のものまで計ることができ、単位はそのまま糖分濃度(糖度)を表わす「%Brix(ブリックス)」(たとえば砂糖30g、水70gで30％Brix)を用いる。「ボーメ」からおおよその「ブリックス」を求めたい場合は、0.55で割ると近い値となる。

よくわかる
お菓子づくり
基礎の基礎

目 次

基本の動作

ふるう
1 粉をふるう —— 10
2 粉糖をふってかける —— 10
　茶漉しを使う　缶でふる

泡立てる
1 泡立て方　泡立て器の持ち方 —— 11
2 生クリームを泡立てる —— 11
　塗る固さ　絞る固さ　合わせるものでこう変える
3 卵白を泡立てる —— 砂糖の入れどき —— 12
　手動で泡立てる —— 12
　ミキサーで泡立てる —— 12
4 全卵を泡立てる —— 13

混ぜる
1 粘度があるものを混ぜる —— 14
　平行に混ぜる　台上で混ぜる
2 クリーム状のものを混ぜる —— 14
　まわし混ぜる　切るように混ぜる
3 比重が違うものを合わせる場合 —— 15
4 フードプロセッサーで混ぜる —— 15

塗る
パレットいろいろ —— 16
塗るときの固さ —— 16
1 パレットの持ち方、動かし方 —— 16
2 塗り広げる —— 16
3 生地に塗る —— 17
　四角いもの　丸いもの　丸いもの——回転台を使って

絞る
口金いろいろ —— 18
中身の入れ方 —— 18
1 正しい持ち方、絞り方と姿勢 —— 18
　固いものを絞るとき　絞り袋の手入れ方法
2 よく使う絞り方 —— 19
　丸く絞る
　太く絞る
　ディスク形に絞る
　長く絞る
　菊形に絞る
3 絞り方の自己チェック法 —— 20
　丸く絞る場合　細長く絞る場合　菊形に絞る場合
4 紙のコルネ
　紙のコルネのつくり方 —— 21
　中身の詰め方　正しい持ち方 —— 22
　絞り方 —— 22
　真上からたらすように —— 一定の太さで
　こするように絞る —— 細かく強弱をつけて

のばす
麺棒の選び方　麺棒いろいろ —— 23
1 長くのばす —— 23
2 四角にのばす —— 四角→四角 —— 24
3 四角にのばす —— 円形→四角 (弾力が出やすい生地など) —— 24
4 丸くのばす —— 25

切る
包丁いろいろ —— 26
1 平刃を使う —— 26
　柔らかいものを切る　固さが違う組合せのものを切る
2 波刃を使う —— 27
　固めの菓子を切る　くずれやすいパイ生地を切る
3 ペティナイフを使う —— 27
　くだもの　筋模様をつける　ミルフィーユ
4 ソール包丁を使う —— 27
　チョコレート細工
5 エコノムを使う —— 27
　オレンジやレモンの皮

きちんと知っておきたい
4つの基本素材とその働き

小麦粉 —— 28
砂糖 —— 29
卵 —— 30
バター —— 30

基本の生地

スポンジケーキ・共立て法
パータ・ジェノワーズ —— 32
スポンジケーキ・別立て法
パータ・ビスキュイ —— 33
失敗例 —— スポンジケーキ —— 34
応用菓子
フレジエ —— 35
ストロベリーショートケーキ —— 36
ショコラティーヌ —— 36
ビュッシュ・ド・ノエル —— 37
洋ナシのシャルロット —— 38
フルーツのロールケーキ —— 39

ビスキュイ・ジョコンド —— 40
失敗例 —— ビスキュイ・ジョコンド —— 41
応用菓子
オペラ —— 42

パータ・ダッコワーズ —— 43
応用菓子
ダッコワーズ —— 44
ダッコワーズ・プラリネ —— 45
ソレイユ —— 46

バターケーキ —— 47
失敗例 —— バターケーキ —— 48
応用菓子
フルーツケーキ —— 49
マドレーヌ —— 49
フィナンシェ —— 50

練りこみ生地
パート・シュクレ —— 51
パート・ブリゼ —— 52
失敗例 —— 練りこみ生地 —— 53
生地を敷きこむ —— フォンサージュ
タルトリングに敷きこむ（底のない型） —— 54
タルト型に敷きこむ（底のある型） —— 54
小さな型に敷きこむ —— 55
空焼きする —— 55
失敗例 —— 敷きこみ —— 55
応用菓子
フルーツのタルト —— 56
アマンディーヌ —— 56
チェリーのキッシュ —— 57
リンゴのタルト —— 57

折りこみ生地
パート・フィユテ —— 58
フィユタージュ・ラピッド —— 60
失敗例 —— 折りこみ生地 —— 61
応用菓子
ミルフィーユ —— 62
パルミエ —— 62
ピティヴィエ —— 63

シュー生地
パータ・シュー —— 64
塗り卵で表情をつける　筋目をつける —— 65
失敗例 —— パータ・シュー —— 66
応用菓子
シュークリーム —— 67
びっくりシュー —— 67
エクレア —— 68
シーニュ —— 68

基本のクリーム

カスタードクリーム —— 70
カスタードクリームを使ったもの
クレーム・ディプロマット —— 71
クレーム・ムースリーヌ —— 71
シブーストクリーム —— 72
応用菓子
タルト・シブースト —— 73
サントノレ —— 74

クレーム・シャンティー —— 75
　5分立て　7分立て　8分立て　9分立て
失敗例 —— クレーム・シャンティー —— 75
シャンティー・ショコラ —— 76
失敗例 —— シャンティー・ショコラ —— 76

パータ・ボンブ —— 76
イタリアン・メレンゲ —— 77
失敗例 —— イタリアン・メレンゲ —— 77

アーモンドクリーム —— 78
アーモンドクリームを使ったもの
クレーム・フランジパンヌ —— 78

アングレーズソース —— 79

カラメルソース —— 79

ガナッシュ —— 80
失敗例 —— ガナッシュ —— 80

バタークリーム —— 81
バタークリームの合わせ方 —— 81
バタークリームいろいろ
イタリアン・メレンゲベース —— 82
パータ・ボンブベース —— 82
カスタードクリームベース（クレーム・ムースリーヌ） —— 82
アングレーズソースベース —— 83
軽いバタークリーム　アングレーズソースベース＋イタリアン・メレンゲ —— 83
応用菓子　イタリアン・メレンゲベースのバタークリーム
ガトー・モカ —— 84
マカロン —— 85
レーズン・サンド —— 85
応用菓子　パータ・ボンブベースのバタークリーム
セヴィーニェ —— 86
応用菓子　カスタードクリームベースのバタークリーム
ドボストルテ —— 87
応用菓子　アングレーズソースベースのバタークリーム
パリ・ブレスト —— 88
フランクフルタークランツ —— 89
応用菓子　軽いバタークリーム
ドフィノワ —— 90

イースト菓子

イースト菓子をつくる前に知っておきたいこと——92
発酵とは何？　発酵の温度と窯の中　イーストの種類

パータ・ブリオッシュ ——94
ブリオッシュ・ア・テットの成形 ——96

パータ・クグロフ ——97
クグロフの成形 ——99

パータ・ババ ——100

パータ・クロワッサン ——102
クロワッサンの成形 ——103

イースト菓子の応用菓子
トゥルト・ア・ラ・クレーム ——104・105
ブリオッシュ・スイス ——104・105
ポロネーズ ——104・105
クロワッサン・オ・ノア ——104・106
ボストック ——104・106
クロワッサン・オ・ザマンド ——104・106
パン・オ・ショコラ ——104・106

おいしく見せる仕上げ方

1 つやを出す
アブリコテ（アプリコットジャムを塗る）——108
ナパージュを塗る ——108
グラス・オ・ロム、グラス・ア・ロを塗って焼く ——108

2 焼き色をきれいに出す
ドレ（溶き卵を塗る）——109
塗ってそのまま焼く
ナッツなどを貼りつけて焼く
パイ生地に筋模様を入れる
折りこみ生地につやを出す ——109
粉糖で　シロップで

3 糖衣で飾る
グラス・ロワイヤルを使う ——110
フォンダンをかける ——110
直につける　ヘラでつける
フォンダンの使い方 ——111
固さを調整する　色をつける

4 表面を焦がす
粉糖＋コテがけ —— カラメリゼ ——112
イタリアン・メレンゲを焦がす ——112
バーナーで焦がす　コテがけする

5 チョコレートでコーティングする
グラッサージュ・ショコラ ——113
ショコラ・ピストレ ——113

6 クラムやナッツ、クラクランなどを貼りつける ——113

ムースをつくる

つくる前に ——115
1 トレイと型の用意
2 ゼラチンのもどし方
3 ゼラチンの溶かし方
4 冷やし固める
5 型のはずし方

フルーツのムース
A ピュレベースでつくる ——116
ムース・オ・フリュイ・ルージュ
B アングレーズソースベースでつくる ——117
パッションフルーツのムース
応用菓子
ピュレベース　ムース・オ・フリュイ・ルージュ ——120
ピュレのアングレーズソースベース　ココ・パッション ——122

チョコレートのムース
A パータ・ボンブベースでつくる ——118
チョコレートのムース
B アングレーズソースベースでつくる ——119
ホワイトチョコレートのムース
応用菓子
パータ・ボンブベース　シシリアン ——124
アングレーズソースベース　アンティーユ ——126

ムースの組立て方
1 仕上がりと同じ順に下から仕込む ——121
2 逆さに仕込む ——123
3 キャドルで仕込む ——125
4 フレキシパンで仕込む ——127

チョコレートを使う

チョコレートというもの ——129
カカオマス
クーヴェルテュール
ショコラ・ガナッシュ
パータ・グラッセ
ココア

テンパリング（温度調整）——130

飾り用チョコレートをつくる
1 テンパリングしたクーヴェルテュールを使う ——131
らせん形　しずく形　シガレット形
2 溶かしたチョコレートを使う ——132
A コポー　B エヴァンタイユ・ショコラ
3 プラケット・ショコラ（色づけした板状飾り）——133

ボンボン・ショコラをつくる
トランペしてつくる　トリュフ ——134
モールド(型)でつくる　カラメル・バナーヌ ——135

自分でつくる副素材と砂糖菓子

1 砂糖、ナッツ

ナッツと砂糖の出会い —— 137

フォンダン —— 138
コーヒーエキス —— 139

まずはナッツの下処理から
皮をむく —— 140
ローストする —— 141
乾燥させる —— 141

タンプータン —— 142
応用菓子
バトン・マレショー —— 143
ガトー・マルジョレーヌ —— 143

パート・ダマンド（マジパン）—— 144
応用菓子
ポンム —— 145
フィグ（イチジク）—— 145

パート・ダマンド・クリュ（ローマジパン）—— 146
応用菓子
パン・ド・ジェンヌ —— 147
モーンクーヘン —— 147

プラリネ —— 148
応用菓子
バルケット・オ・プラリネ —— 149
パン・コンプレ —— 149

ヌガティーヌ —— 150
ヌガティーヌを成形する —— 151
応用菓子
ムース・オ・ピスタッシュ —— 151・156
ショコラ・クロカン —— 151

プラリーヌ —— 152

アマンド・カラメリゼ —— 153
応用菓子
アマンド・ショコラテ —— 153
トロワ・フレール —— 153

プララン —— 154
応用菓子
マスコット・プラリネ —— 156

クラクラン —— 155
クラクランの別のつくり方 —— 155
　ヌガティーヌでつくる場合　タテ割アーモンドを使って
応用菓子
ケック・オ・ショコラ —— 157

ジャンデュジャ —— 158
応用菓子
ジャンデュジャ・クルスティヤン —— 158
デュシェス —— 158

2 フルーツ

フルーツと砂糖の出会い —— 159

コンポート —— 160
洋ナシのコンポート —— 161
ドライプラムのワイン煮 —— 161

コンフィテュール —— 162
フランボワーズ・ペパン —— 162
マーマレード —— 163
応用菓子
パイエット・フランボワーズ —— 162
エコセーズ —— 157・163

パート・ド・フリュイ（フルーツゼリー）—— 164
グロゼイユのパート・ド・フリュイ —— 164・165
パッションフルーツのパート・ド・フリュイ —— 164
ライムのパート・ド・フリュイ —— 164

コンフィ（フルーツの砂糖漬け）—— 166
オレンジの皮のコンフィ —— 166・167
パイナップルのコンフィ —— 168
洋ナシのコンフィ —— 168
応用菓子
コンフィのチョコレートがけ —— 169
パン・ド・ジェンヌ・オ・フリュイ —— 169

フリュイ・デギゼ —— 170
シロップA（飴状の糖衣）—— 170・171
シロップB（結晶化した糖衣）—— 170・171

撮影　高橋栄一
　　　　P10〜39、42、44、47〜54、56〜59、61〜71、75〜90
　　　高島不二男
　　　　P93〜105
　　　海老原俊之
　　　　上記以外すべてと
　　　　P14「台上で混ぜる」「2 クリーム状のものを混ぜる」
　　　　P15「フードプロセッサーで混ぜる」
　　　　P26「包丁いろいろ」、P27のミルフィーユ以外
　　　　P54「タルト型に敷きこむ」、P55、P57「チェリーのキッシュ」
　　　　P60、P79「カラメルソース」
イラスト　佃　二葉
編集　　猪俣幸子
デザイン　田島浩行

もう1つの目次
アイウエオ順、生地別、クリーム別にお菓子を探すときに。

＜アイウエオ順＞

ア アマンディーヌ　56
　　アマンド・キャラメリゼ　153
　　アマンド・ショコラテ　153
　　アンティーユ　126
　　エクレア　68
　　エコセーズ　157・163
　　オペラ　42
カ ガトー・マルジョレーヌ　143
　　ガトー・モカ　84
　　カラメル・バナーヌ　135
　　クロワッサン・オ・ザマンド　104・106
　　クロワッサン・オ・ノア　104・106
　　ケック・オ・ショコラ　157
　　ココ・パッション　122
　　コンフィ（フルーツの砂糖漬け）　166
　　コンフィのチョコレートがけ　169
　　コンポート　160
サ サントノレ　74
　　シーニュ　68
　　シシリアン　124
　　ジャンデュジャ・クルスティヤン　158
　　シュークリーム　67
　　ショコラ・クロカン　151
　　ショコラティーヌ　36
　　ストロベリーショートケーキ　36
　　セヴィーニェ　86
　　ソレイユ　46
タ ダッコワーズ　44
　　ダッコワーズ・プラリネ　45
　　タルト・シブースト　73
　　チェリーのキッシュ　57
　　デュシェス　158
　　トゥルト・ア・ラ・クレーム　104・105
　　ドフィノワ　90
　　ドボストルテ　87
　　トリュフ　134
　　トロワ・フレール　153
ハ パート・ド・フリュイ（フルーツゼリー）　164
　　パイエット・フランボワーズ　162
　　バトン・マレショー　143
　　パリ・ブレスト　88
　　バルケット・オ・プラリネ　149
　　パルミエ　62
　　パン・オ・ショコラ　104・106
　　パン・コンプレ　149
　　パン・ド・ジェンヌ　147
　　パン・ド・ジェンヌ・オ・フリュイ　169
　　びっくりシュー　67
　　ピティヴィエ　63
　　ビュッシュ・ド・ノエル　37
　　フィグ（イチジク）　145
　　フィナンシェ　50
　　フランクフルタークランツ　89
　　ブリオッシュ・スイス　104・105
　　フリュイ・デギゼ　170
　　フルーツケーキ　49
　　フルーツのタルト　56
　　フルーツのロールケーキ　39
　　フレジエ　35
　　ボストック　104・106
　　ポロネーズ　104・105
　　ポンム　145
マ マカロン・バニラ、マカロン・カフェ　85
　　マスコット・プラリネ　156
　　マドレーヌ　49
　　ミルフィーユ　62
　　ムース・オ・ピスタッシュ　151・156
　　ムース・オ・フリュイ・ルージュ　120
　　モーンクーヘン　147
ラ リンゴのタルト　57
　　レーズン・サンド　85
ヤ 洋ナシのシャルロット　38

＜生地別＞

ヴィーナーマッセ（ジェノワーズに似た生地）── フランクフルタークランツ　89
ドボス生地 ── ドボストルテ　87
パータ・クグロフ ── クグロフ　97
パータ・クロワッサン ── クロワッサン・オ・ノア　104・106
　　　　　　　　　　　　クロワッサン・オ・ザマンド　104・106
　　　　　　　　　　　　パン・オ・ショコラ　104・106
パータ・ジェノワーズ（共立てスポンジ） ── フレジエ　35
　　　　　　　　　　　　ストロベリーショートケーキ　36
　　　　　　　　　　　　ショコラティーヌ　36
　　　　　　　　　　　　ビュッシュ・ド・ノエル　37
　　　　　　　　　　　　ガトー・モカ　84
　　　　　　　　　　　　ココ・パッション　122
　　　　　　　　　　　　ムース・オ・ピスタッシュ　156
　　　　　　　　　　　　マスコット・プラリネ　156
パータ・シュー ── シュークリーム　67
　　　　　　　　びっくりシュー　67
　　　　　　　　エクレア　68
　　　　　　　　シーニュ　68
　　　　　　　　サントノレ　74
　　　　　　　　パリ・ブレスト　88
　　　　　　　　ポンム　145
パータ・ダッコワーズ ── ダッコワーズ　44
　　　　　　　　　　　ダッコワーズ・プラリネ　45
　　　　　　　　　　　ソレイユ　46
　　　　　　　　　　　アンティーユ　126
パータ・デコール（飾り用生地） ── ムース・オ・フリュイ・ルージュ　120
パータ・ビスキュイ（別立てスポンジ） ── 洋ナシのシャルロット　38
　　　　　　　　　　　　フルーツのロールケーキ　39
　　　　　　　　　　　　フィグ（イチジク）　145
　　　　　　　　　　　　パン・コンプレ　149
パータ・ブリオッシュ ── トゥルト・ア・ラ・クレーム　104・105
　　　　　　　　　　　ブリオッシュ・スイス　104・105
　　　　　　　　　　　ポロネーズ　104・105
　　　　　　　　　　　ボストック　104・106
パータ・プログレ ── セヴィーニェ　86
パート・シュクレ ── フルーツのタルト　56
　　　　　　　　　アマンディーヌ　56
　　　　　　　　　エコセーズ　157・163
　　　　　　　　　パン・ド・ジェンヌ・オ・フリュイ　169
パート・フィユテ ── ミルフィーユ　62
　　　　　　　　　パルミエ　62
　　　　　　　　　ピティヴィエ　63
　　　　　　　　　びっくりシュー　67
　　　　　　　　　タルト・シブースト　73
　　　　　　　　　バルケット・オ・プラリネ　149
パート・ブリゼ ── チェリーのキッシュ　57
　　　　　　　　リンゴのタルト　57
　　　　　　　　サントノレ　74
バターケーキ ── フルーツケーキ　49
　　　　　　　マドレーヌ　49
　　　　　　　フィナンシェ　50
　　　　　　　ケック・オ・ショコラ　155・157
パン・ド・ジェンヌ生地 ── パン・ド・ジェンヌ　147
　　　　　　　　　　　　パン・ド・ジェンヌ・オ・フリュイ　169
ビスキュイ・ザッハ ── シシリアン　124
ビスキュイ・ジョコンド ── オペラ　42
　　　　　　　　　　　　ムース・オ・フリュイ・ルージュ　120
フィユタージュ・ラピッド ── パルミエ　62
　　　　　　　　　　　　　びっくりシュー　67
マイレンダータイク ── モーンクーヘン　147
メレンゲ生地（マカロン生地） ── マカロン・バニラ　85
　　　　　　　　　　　　　　マカロン・カフェ　85
メレンゲ生地 ── ドフィノワ　90
　　　　　　　バトン・マレショー　143
　　　　　　　ガトー・マルジョレーヌ　143
モーンマッセ ── モーンクーヘン　147
その他の生地 ── レーズン・サンド　85
　　　　　　　デュシェス　158

＜クリーム別＞ ※クリーム以外のパーツも含む。

アーモンド・クリーム	アマンディーヌ　56
	リンゴのタルト　57
	ピティヴィエ　63
	ブリオッシュ・スイス　104・105
	ボストック　104・106
	クロワッサン・オ・ザマンド　104・106
アングレーズソースベースのバタークリーム	パリ・ブレスト　88
	フランクフルタークランツ　89
	ドフィノワ　90
イタリアン・メレンゲ	ポロネーズ　104・105
イタリアン・メレンゲベースのバタークリーム	オペラ　42
	ダッコワーズ　44
	ダッコワーズ・プラリネ　45
	ガトー・モカ　84
	マカロン・バニラ　85
	マカロン・カフェ　85
	レーズン・サンド　85
カスタードクリーム	ミルフィーユ　62
	シュークリーム　67
	エクレア　68
	シーニュ　68
	ポロネーズ　104・105
	フィグ(イチジク)　145
	バルケット・オ・プラリネ　149
ガナッシュ	オペラ　42
	トリュフ　134
	カラメル・バナーヌ　135
	ガトー・マルジョレーヌ　143
カラメルソース	カラメル・バナーヌ　135
軽いバタークリーム(＋イタリアン・メレンゲ)	ドフィノワ　90
	パン・コンプレ　149
クレーム・シャンティー	ストロベリーショートケーキ　36
	フルーツのロールケーキ　39
	シーニュ　68
	サントノレ　74
	ガトー・マルジョレーヌ　143
クレーム・ディプロマット(カスタードクリーム＋生クリーム)	ソレイユ　46
	びっくりシュー　67
	トゥルト・ア・ラ・クレーム　104・105
クレーム・フランジパンヌ(アーモンドクリーム＋カスタードクリーム)	エコセーズ　157・163
	フルーツのタルト　56
クレーム・ムースリーヌ(カスタードクリームベースのバタークリーム)	フレジェ　35
	ドボストルテ　87
	ポンム　145
シブーストクリーム(カスタードクリーム＋イタリアン・メレンゲ)	タルト・シブースト　73
	サントノレ　74
	ムース・オ・フリュイ・ルージュ　120
シャンティー・ショコラ	ショコラティーヌ　36
パータ・ボンブベースのバタークリーム	ビュッシュ・ド・ノエル　37
	セヴィーニェ　86
	パン・コンプレ　149
	マスコット・プラリネ　156
バヴァロワ(アングレーズソースベース)	洋ナシのシャルロット　38
	シシリアン　124
	アンティーユ　126
ブランマンジェ	ココ・パッション　122
ムース(ピュレベース)	ムース・オ・フリュイ・ルージュ　120
ムース(アングレーズソースベース)	ココ・パッション　122
ムース(パータ・ボンブベース)	シシリアン　124
ムース(アングレーズソースベース)	アンティーユ　126
	ムース・オ・ピスタッシュ　156

本書は平成6年発行のムック『OYSYケーキ』と、同8～13年発行の『CAKEing』シリーズ(ともに柴田書店刊)に掲載されたものを加筆修正し、補足してまとめたものです。菓子製作はエコール 辻 東京の製菓課程の職員が担当しました。本書の内容や項目については、日々本校の学生に教えている授業の中から抜粋し、基本的な生地・クリームを中心に、道具や器具の使い方、製菓材料についても記載しています。お菓子は流行の最先端のものではなく、年数を経ても変わりなく、古くならないお菓子。つまり、基本のお菓子を多くとり上げています。これからお菓子づくりをはじめる方、これまでいろいろとつくって試行錯誤をくり返されてきた方にとって、お菓子づくりの基礎を系統立てて見返していただける1冊となれば、幸いです。

　私たちは、毎日実習室で学生といっしょにお菓子づくりをしながら「教えることによって学ぶ」という体験をくり返しています。その体験を1冊にまとめる企画・編集をしてくださった柴田書店の猪俣幸子さんに感謝しています。

2003年秋

著者代表　辻製菓専門学校主任教授　高原亮一
エコール 辻 東京 製菓課程職員一同

基本の動作

ふるう

1 粉をふるう

「ふるう」動作の目的は異物をとりのぞき、粒子を均一にすること
また、ふるうことで粒子の間に空気が入り
生地に混ぜるとき、散らばりやすい
2種類以上の材料を混ぜてふるう場合は、あらかじめよく混ぜてからふるう

1　材料はあらかじめよく混ぜておく。
2　ふるいは指先で軽く持ち、掌のつけ根部分をふるいの側面に打ちつけるようにしてふるう。手首を柔らかくして振動を与えると早い。

2 粉糖をふってかける

飾り用と焼く前の生地にふる場合がある
粉糖をふるう道具は2種類ある
茶漉しか穴のあいた缶容器(ソプドルーズ saupoudreuse)
どちらを使うかで粒子の大きさが違ってくる

茶漉しを使う

1　茶漉しの端にのった粉糖が直接落ちないように、あらかじめ払っておく。
2　指で茶漉しをたたくのではなく、茶漉しを動かして指にあてる感じ。

缶でふる

缶容器のほうが茶漉しより粒子が大きい。手首を上下にふるのがポイント。

泡立てる

1 泡立て方

斜め下にたたきつけるようにして泡立て器を動かす。手首の力を抜いて柔らかくし、ワイヤー部分がよくふれるようにする。スピードをムリに速くしないこと。同じ調子で徐々にスピードを上げていくほうが有効。泡立てる前の卵白などを「ほぐす」場合は、大きく手首をゆらすように動かす。

泡立て器の持ち方

1 泡立て器の先を持って手渡されたときに自然に受けとった形に持つ。握手する感覚で。
2 握りしめず、親指と人差し指を支点にして手首がグラグラ動くように持つとムダな力が入らない。

2 生クリームを泡立てる

生クリームは氷水にあてながら泡立てる（10℃以下）
用途によって立て具合（固さ）を変えるのも生クリームならでは

塗る固さ

すくい上げたとき、角の先がゆっくりおじぎをする程度が目安。右の絞る場合よりも少し柔らかめ（8分立て）。これ以上泡立てると、塗っていくうちにつやがなくなる。泡立てすぎると泡がしまって「のび」が悪くなり、泡立て足りないと流れてしまう。
＊泡立て具合については→P75

絞る固さ

すくい上げた山の背は丸みがあり、角の先が鋭角でおじぎをしない程度（9分立て）。ある程度の固さが必要だが、これ以上泡立てるとつやがなくなる。

合わせるものでこう変える

ほかの材料と合わせる場合、何と合わせるか、どんな食感にしたいかで生クリームの立て具合は異なる。たとえば液体量も多く、つるんとした食感が欲しいブランマンジェは柔らかめにする。立てすぎると液状部分が沈んで2層に分かれてしまう。また軽さを出したいムースではしっかりと泡立て、最初に少量のベースを混ぜ、固さを近づけてから合わせる場合もある。

写真はブランマンジェの場合。アーモンド、牛乳、ゼラチンなどでつくる液の濃度に合わせ、生クリームはすくうと1本線で流れ落ちる程度（4分立て。写真1）に。合わせるときは、液を生クリームのほうへ入れる（写真2）。逆だと生クリームが浮いて混ざりにくい。

ホイップの仕組み

生クリームは通常、脂肪球が分散した状態で存在している（図a）。これを泡立てていくと、脂肪の粒子が壊れてくっつき、混入した空気をとり囲みはじめる。さらに泡立てていくと脂肪が網目状になり（図b）、抱きこんだ空気をしっかりと支えるようになる。

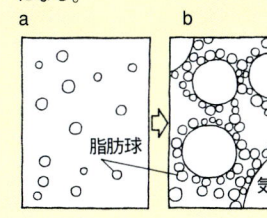

a　　b
脂肪球　気泡

3 卵白を泡立てる
――砂糖の入れどき

卵白の泡は安定が悪い。これを安定させる役割を果たすのが砂糖だが
同時に砂糖は泡立ちを阻害する性質もあるので(→P29)
ある程度泡立ててから少しずつ加えるのが基本
菓子屋では、泡立てるときの卵白はしばらくおいたものを使うことがある
プリッとした新しい卵白より表面張力が弱くなり、空気を抱きこみやすいからだ
新しい卵白を使う場合は最初にほぐしておくこと

手動で泡立てる

卵白に対し、半量の砂糖を加える比率(ここでは卵白4個分=120g に砂糖60g)で紹介する。これより砂糖が多い場合は最初の加えどきは同じで、砂糖を入れる回数を増やす。

卵白の量が少ない場合は最初の砂糖を早めに入れる。ただし、砂糖は卵白の3分の1量以下では安定しにくいので、冷やしながら泡立てたり、銅ボウルを使って泡立ちやすくするなどの工夫が必要。

1 液状部分がすべて泡になり、モコモコとしたこのときに初回の砂糖を入れる。泡はまだ大きい状態。

2 泡のきめが少し細かくなってきたら2回めの砂糖を入れる。カサも増え、ふんわりした状態。

3 つやが出てきて、混ぜる手にも重たい手ごたえを感じるようになったら3回め。泡はより細かくなり、卵白の角もはっきりしてくる。

4 よりつややかになって角がしっかりしてきたら、最後に丸くまわし混ぜて泡を引きしめる。セレ serrer という気泡を整える作業。とくに砂糖が少なめのときは気泡が粗めになるので必要な工程だ。

ミキサーで泡立てる

撹拌力が強い電動ミキサーの場合、強制的に空気を抱きこませるので、手動で泡立てるよりも「早め」を目安に砂糖を入れていく(つくり手によっては最初から少量入れる場合もある)。通常はホイッパーをはずさないので、泡の状態やカサの変化を目安にする。
最初は中速でほぐし、すぐに高速で泡立てる。ミキサーの場合は泡立てすぎに注意する。

1 液状部分はほとんどなくなっているが、ボウルの縁に見える泡はまだ大きく、不ぞろい。ここで1回めの砂糖を入れる。

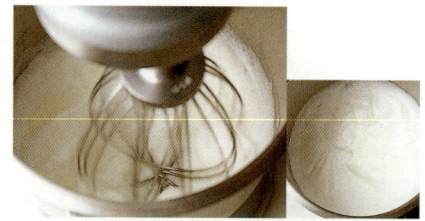

2 2回めの砂糖を入れるタイミング。カサがやや増してもったりしてくる。泡はやや細かく、均一になっている。

3 3回め。さらにカサが増し、表面に筋状のひだが残る状態。つやが出てきたらでき上がり。
＊引きしめ作業は不要。撹拌力が強いので泡は自然に均一になる。

メレンゲのでき上がり――「のび」が重要

右がいい状態、左は泡立てすぎ。
いい状態は角の形でわかるように「のび」がある。
泡立てすぎは卵白中の水分が分離した状態で、
モロモロして泡の弾力(のび)が失われている。
スポンジ生地などの材料に混ぜて焼く場合、
熱で膨張するときに弾力がないと気泡が壊れてきれいに焼けない。
だから「のび」のある泡立て方が重要になるのである。
＊ただし、砂糖の量が多いと角が丸みを帯びてくる。
＊写真は左頁の分量での状態である。

4 全卵を泡立てる

泡立ちを妨げる油脂が卵黄に含まれているので、全卵は泡立ちにくい
あらかじめ湯煎(ゆせん)で温めて表面張力をゆるめてから泡立てるのが基本
ミキサーを使い、最初は高速で十分に泡立て、最後に中速に切り替えるが
これは気泡のきめを整えるため

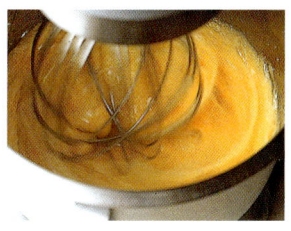

1 ほぐした全卵のボウルを湯煎で温め、卵液が人肌程度(36℃くらい)になったらミキサーの高速にかける。

2 空気を抱きこみ、だんだん白っぽくなってくる。泡はまだ大きい。

3 泡がやや小さくなり、もったりして筋状にホイッパーの跡が残るようになったら、中速に切り替えてきめを整える。

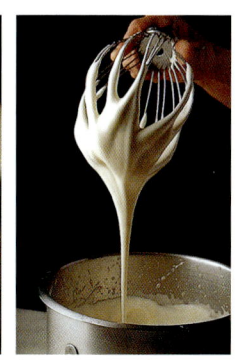

4 きめが細かくなり、つやが増したらでき上がり。ホイッパーからリボン状に落ちる状態。

混ぜる

1 粘度があるものを混ぜる

粘りがあるものや固めのペースト状のものを混ぜ合わせる場合

平行に混ぜる

ヘラを持つ手を遠くから手前に平行に手早く動かす。底にこすりつけるようにし、ヘラの面で練りつぶす感覚。写真はシュー生地で、沸騰した水、バターなどに小麦粉を加え合わせたあと、全卵を混ぜているところ。

台上で混ぜる

バター（常温にもどしておく）や粘土状のペースト、クリームなどを混ぜる場合、通常台上で、三角形のパレットなどを使ってそれぞれの材料を少しずつつぶすような感覚で練り合わせて混ぜていく。

2 クリーム状のものを混ぜる

バターと砂糖をクリーム状にしたり、クリーム状のものにほかの材料を混ぜるときに

まわし混ぜる ──泡立てる

1 泡立て器のワイヤーの根元をしっかりと持ち、「遠いところから手前に引き寄せる要領」で、底をこするようにまわし混ぜる。

2 固めのものを混ぜるので空気を抱きこんで軽くなる。白っぽくなり、きめ細かくつややか。見た目の変化は混ぜ終わりの目安にもなる。

切るように混ぜる ──気泡をつぶしたくないものや比重が違うものを混ぜるとき（→右頁）

1 片方の手でボウルをまわしながら、ヘラまたは泡立て器を上から斜め下に向かって入れる。

2 さらにボウルをまわしながら底をさらうように側面までヘラまたは泡立て器を動かす。

3 側面にぶつかったら上に向かい、手首を返す。1〜3を手早くくり返して混ぜる。

3 比重が違うものを合わせる場合

比重が違うと軽いものが浮きがちで混ざりにくい。そんなときは……

重いものを軽いものへ

1 比重の高いもの（重いもの、または目が詰まったもの）を、低いもの（軽いもの、または空気をたくさん含んだもの）のほうへ入れる。
＊軽いものを重いものへ入れると、軽いものが浮いてしまう。

2 混ぜ方は左頁の「切るように混ぜる」の方法で。
＊一部を先によく混ぜ、固さを近づけてから混ぜる方法もある。混ぜ方は同様に。

4 フードプロセッサーで混ぜる

パート・ブリゼ（→P53）、アーモンドクリーム（→P78）などに有効

気泡を入れたくないアーモンドクリームやガナッシュ、材料が冷たいうちに手早くつくりたいパート・ブリゼなどをつくるときは、フードプロセッサーがよい。材料を入れては順に混ぜていく。写真はアーモンドクリーム。

塗る

パレットいろいろ

①～④ 主にコーティングや上がけを塗る場合に使い、用途によって大きさを変える。
⑤⑥ 中央の柄と先に「段差」がある「アングルパレット」。⑤は先が長く、天板などで広い面積にのばすときに、段差が大きい⑥はセルクルなどワクの中で使う。
⑦⑧ 先が三角形の「トライアングル」。主に台上でペーストを混ぜるときやチョコレート細工などに用いる。

塗るときの固さ

「塗る固さ」（→P11）を参照。写真はバタークリームだが、生クリームと同じように角が少しおじぎをする程度。滑らかにのびる固さで。

1 パレットの持ち方、動かし方

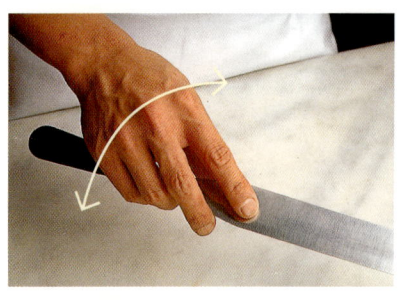

1 人差し指をパレットの上にのせ、柄をそのほかの指で支えるように持つ。人差し指だけで塗る感覚で、手首のスナップをきかせながら左右に動かして塗る。

2 塗る面に対してパレットの角度をつけて塗り進める。角度をつけすぎるとクリームや生地が削れてしまう。

3 手首を返して反対方向にのばす。角度が小さすぎてもクリームがパレットにのってしまうので注意する。ムリのない体の位置、姿勢も重要。

2 塗り広げる

天板などの広い面に塗り広げる場合
パレットをやたらに動かして生地を傷めないように効率よくのばす
まずのばしにくい四隅を埋めてから全体を均すとよい

1 中央に生地を落としたら、まず塗りにくい四隅に生地を寄せるようにのばして、角の部分を埋めていく。

2 次に左右に大きくのばす。

3 天板を90度回転させ、左右に広げのばす。これをくり返して天板を一巡させる。パレットは大きく動かし、生地を傷めないように。

4 最後に全体を均す。のばし終わったら天板の縁と生地との間に指を入れて1周させ、焼き上がりに生地をはずしやすくする。

3 生地に塗る

生地を手に持って塗る場合は、ケーキのサイズに合わせた台や台紙にのせ
側面→上面の順に塗り、最後にはみ出たクリームは側面で下方向に落とす
回転台を使う場合は上面→側面の順に塗り、最後にはみ出たクリームは
上面で水平にとりのぞく。パレットの動かし方にコツが必要

四角いもの

1 側面はケーキの「向こう側」で塗っていく。
＊向こう側を塗るのは手を動かしやすいムリのない位置だから。

2 次に上面を塗る。クリームはやや多めにのせると塗りやすい。

3 最後にもう片方の手でパレットを上から押さえ、端から端までまっすぐ移動させて表面を均す。

4 台ごとケーキを持ち、上面からはみ出したクリームを側面で、斜め下に向かってこそげ落としていく。
＊このためケーキと台の幅をそろえる。

丸いもの

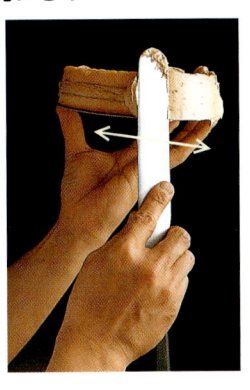

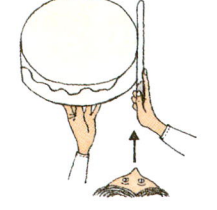

1 同じサイズの台紙にケーキをのせて持ち、まわしながら側面を自分の目の前の位置で塗る。
＊ここが手をムリなく動かせる位置。

2 次に上面を目の下の位置で塗り、最後に表面を均す。

3 上面から脇にはみ出したクリームを側面で、上から斜め下に向かって落としていく。パレットと側面との角度は、左頁の基本の動かし方を参照。

丸いもの——回転台を使って

1 まず上面を塗る。手首を動かし、パレット全体を使って大きく塗り広げる。サンド用のクリームは、あまりはみ出さないようにやや少なめにのせる。

2 生地を重ね、1と同じように塗る。最上部のクリームはやや多めに塗り、最後に均す。

3 側面を塗る。上から見て時計の7時と10時くらいの間でパレットを動かし、台を回転させながら塗る。
＊この位置がパレットと側面との間に角度が出ない自然な位置。

4 3をパレット側から見たところ。台を回転させつつ、側面のクリームを均す。パレットの角度に注意しながら、台とパレットを滑らかに動かす。

5 8時（または2時）の位置から中心部に向かって、上にはみ出したクリームを均していく。回転台は常に手前方向にまわし、均し終えた部分が手前にくるように。
＊逆にまわすと、クリームの縁を外側へ倒す形になるので注意。

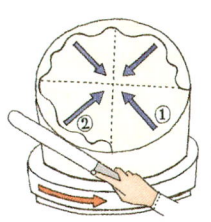

あまりこまめに均すとクリームが荒れてくるので、時計にして2～3時間の間隔で回転台をまわし、4～6回くらいで均す。

絞る

口金いろいろ

各種口金と、その手前はそれぞれで絞ったもの。
① 山形に絞る「サントノレ」。
② ビュッシュ・ド・ノエルに代表される木目模様をつける「シュマン・ド・フェール(鉄道の意味)口金」。
③ 菊形を絞る先がギザギザの「星口金(または菊口金)」。
④ シュー生地などの丸形や細長く絞るときの「丸口金」。
⑤ モンブランのクリームを絞る「モンブラン」の口金。

先がギザギザになったものは歯が閉じぎみで絞ったものが広がりがち。買ったらペティナイフで少し起こして調整を。口金は適度にカットした絞り袋の先に入れて使う。

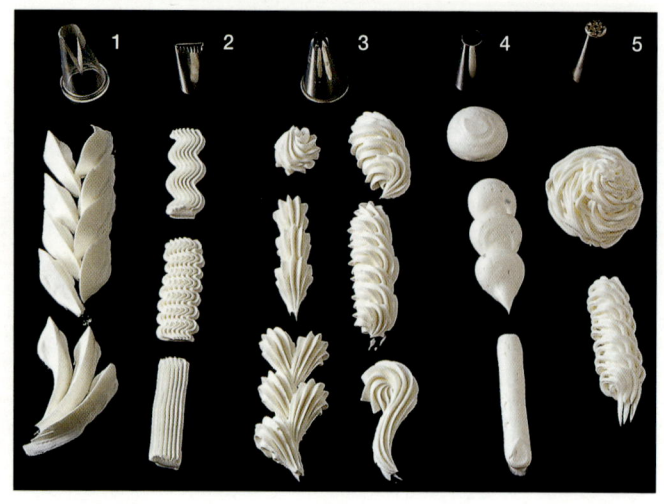

中身の入れ方

1 絞り袋の口金のすぐ上の部分を口金の中にねじりこんでもれないようにしてから中身を入れ、パンパンになるまで下のほうに手で落とす。

2 袋の上部をねじり、そこを利き手の親指と人差し指のつけ根でしっかりとはさむ。

3 絞る直前に口金を上に向けて引いてのばし、中身を先端まで押してから、口金を下に向けて絞る。

1 正しい持ち方、絞り方と姿勢

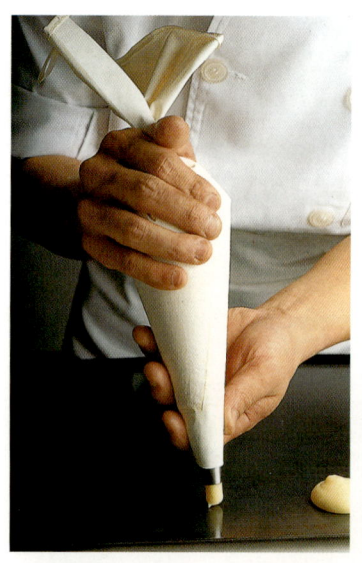

1 左手は絞り袋の下方に口金をつまむように添える。絞るのはあくまでも上の利き手で、左手は動きを誘導する役割。

2 絞る姿勢はやや前かがみ。自分の「目の下」で絞る感じ。絞り袋の中身が減り、利き手で絞りにくくなったら、口金を上に向け、袋の口をねじり、持ち直す。

固いものを絞るとき

ペーストなど固いものを絞るときは、途中で1回ひねって「くびれ」をつくり、下の部分を絞るようにする。下を絞り切ったら、上の中身を下に移動させてまた絞る。左手はこの場合、ねじった袋の端を持つ。

絞り袋の手入れ方法 使い終わったらカードなどで袋の上からしごいて残った中身を外にこそげ出して口金をはずし、洗剤で洗う。裏表をよくフキンでふいて干し、完全に乾いてから片づける。

2 よく使う絞り方

肝心なのは絞り出すスピードと絞る力の入れ具合のバランス
絞る形によって異なる口金と天板との距離感をつかむこと

丸く絞る

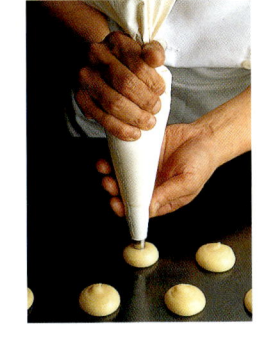

口金よりも大きく絞る場合は、天板から1cmほど浮かし、袋を立てて絞ることがコツ。欲しい大きさになるまでその場でがまん。最後に左手で誘導して口金をひねりながら生地を切る。シュー生地などの場合、焼成時にくっつかないようにするため、絞りはじめをずらして等間隔で正三角形の位置になるように絞る。

太く絞る

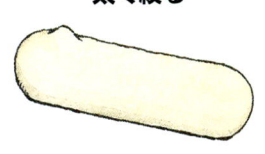

丸く絞ったものをそのまま平行移動する感じ。口金より太くするので、絞り袋は立てて絞る。絞り出したい位置よりも少し手前から絞りはじめ、欲しい太さになったら絞りながら手前方向にゆっくり移動する。同じ力の入れ具合、同じ高さで動かす。最後は力を抜き、口金を絞りはじめた方向にもどしながら生地を切る。

ディスク形に絞る

3〜4cm上から「ロープをたらす」ような感覚で、中心から外に向かって円を描く。手と顔がいっしょにまわるように動かす。力の割に動きが早すぎるなど、絞る力とスピードが合わないと途中で切れたり、太くなったりするので注意。

長く絞る

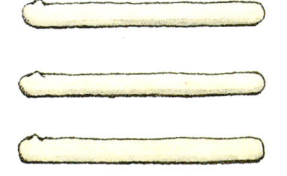

絞り袋はやや寝かせ（写真左）、口金と右手、絞る線がほぼ一直線になるようにしながら（写真右）、描く線と平行に上体ごと動かして絞る。絞り袋の向きと描く線との間に角度ができると、曲がりやすくなるので注意。体の前で絞れるように絞り出す天板を少し左手に置くとやりやすい。以上4種類は丸口金使用。

菊形に絞る

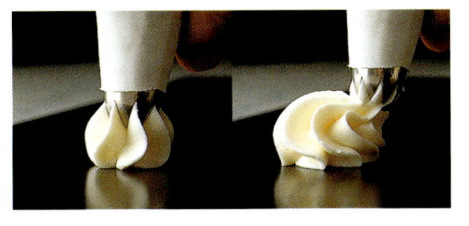

少し技術が必要。星口金を使う。絞り袋を立て、天板から約1cm浮かして絞りはじめる。口金の幅よりも少し太くなったところ（写真左）で、もうひと息絞り重ねるように押しつぶす感覚で力を入れ、最後に手首をまわしながら引いて切る（写真中央）。ただ手首をまわすだけだとボリュームのない形（写真右の右手）になる。写真右の左手はじょうずに絞ったもの。

3 絞り方の自己チェック法

丸く絞る場合

1 絞ったもの同士を結ぶと、どの方向も直線になり、3つを結ぶと正三角形となって等間隔ならばOK。

2 ヨコから見て、高さや形がそろっているかどうかもチェックポイント。

細長く絞る場合

絞ったものがまっすぐで平行かどうかをチェックする。

菊形に絞る場合

上から見て丸いこと、穴があいていないことがチェックポイント。

4 紙のコルネ

仕上げ用の細い線を絞るときには
手製の紙のコルネ(絞り袋)を使う
紙はハトロン紙などツルツルしたものならば何でもいい

紙のコルネのつくり方

1 四角形の紙の対角線上に定規をあて、ナイフかカッターで切る。
＊絞り口にあたる部分が折れてしまうと絞りにくいので、紙は折らずにカットする。

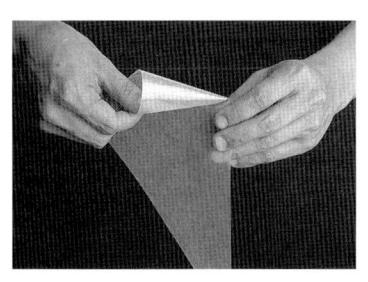

2 三角形の直角の頂点から斜辺に垂直におろしてきた辺(写真1)が絞り口となる。そこが頂点となるように指をあて、円すい形になるように巻く。

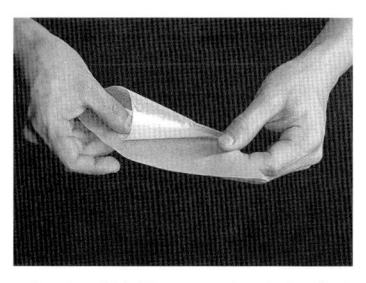

3 ある程度巻いたら、入口となる部分を2本の指ではさみ、指をすり合わせるようにして紙を手前にたぐり寄せながら巻いていく。

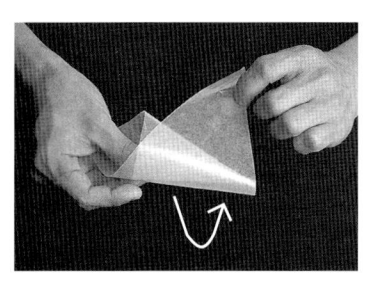

4 最後に端をくるりと巻きつける。

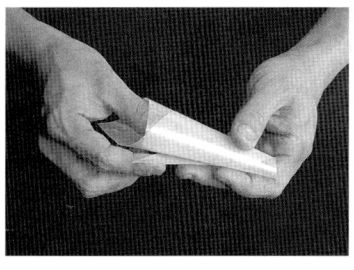

5 この段階ではまだ口先が太い。

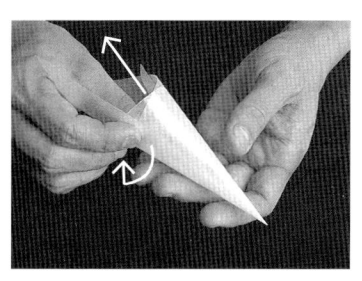

6 親指を引き上げるように指をこすり合わせながら内側にある紙と巻き終わりを矢印の方向に引っ張って先を絞りこむ。

中身の詰め方

1 入れた中身をしっかり押して下のほうに落としておく。

2 空気が入らないようにして、入口部分を両端から折りこんでいく（またはねじる）。

3 さらに合わせ目とは反対方向にもう1度折ってとじる。
＊紙の合わせ目がたるむと中のクリームがはみ出てくるので、合わせ目を張らせる目的で反対方向に折る。

正しい持ち方

絞る直前に、絞りたい太さに先をハサミでカットする。利き手の親指、人差し指、中指の3本で持ち、もう片方の手の指を添える。添えた指でしっかり誘導して動かす。

絞り方　描く模様をどう表現するか　また下の素材の固さによって絞り方を選ぶ

真上からたらすように〜一定の太さで

一定の太さの線で描きたい場合は、3〜4cm上からヒモをたらすように動かす。絞りはじめは下の面につけ、上に引き上げていく。絞る力とスピードのバランスが大切。

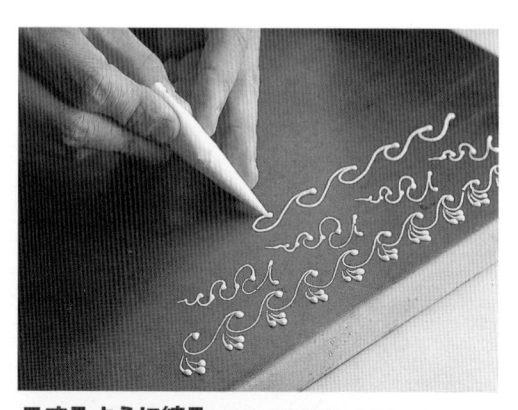

こするように絞る〜細かく強弱をつけて

細かく強弱をつける模様の場合に。コルネを斜めに寝かせ、こすりつけるように絞る。絞る太さはスピードで調整。ゆっくり動かせば太くなり、速ければ細くなる。そのまま止まれば点になる。

のばす

麺棒の選び方——太さは重さ、長さは大きさ

麺棒の重さや固さは材質によって異なる。パイ生地などコシがあって力が要る生地には太くて重いものを使う。また長さはのばす幅、大きさに合わせて選ぶ。のばす幅よりやや長めが使いやすい。

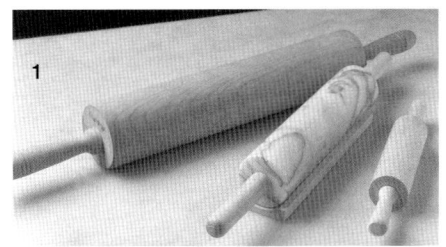

麺棒いろいろ

① 中心部が回転するタイプ。材質によって重さもいろいろ。一気に手早くのばすときに便利。
② 両端のカップを替えてのばす生地の厚さを調節できるもの。パスティヤージュなどの細工ものに便利。
③ これも細工用の麺棒。クッキーやマジパンの表面に模様をつけるもので、レンガ、カヌレ（筋模様）、チェックなどの模様がある。

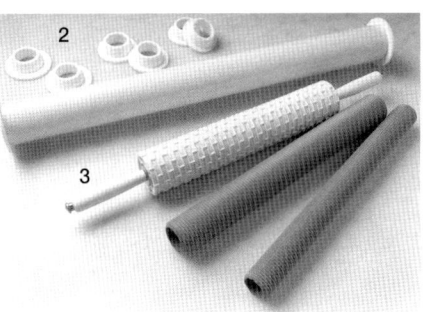

1 長くのばす

帯状に長くのばすときは、「生地の幅」に合わせて手を置き
この幅に沿って手を動かすのがポイント
麺棒の長さもこれに合わせて選ぶとやりやすい

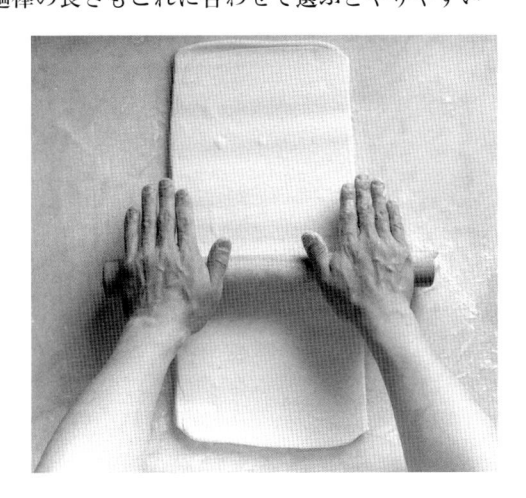

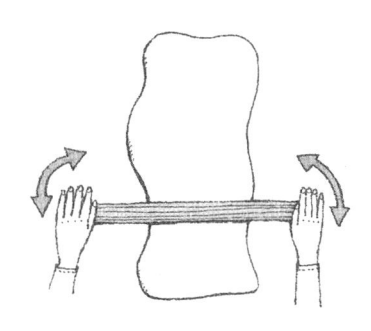

イラストのように手の幅を広げすぎると麺棒がぐらつき、ゆがみやすい。

2 四角にのばす──四角→四角

基本的には、まず四角に形を整えてからのばしはじめると
きれいに四角形に広がる

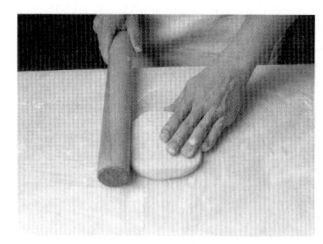

1 上から押して軽く広げたあと、麺棒でサイドをたたきながらおおまかに四角に形を整える。

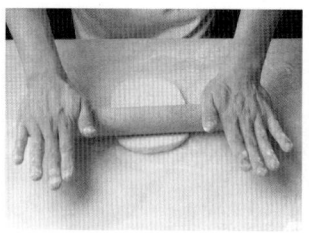

2 前後に麺棒を転がしてのばす。前後の部分は少し残し、その間をのばすようにする。

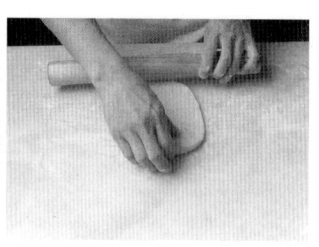

3 生地を90度まわし、2と同じ要領でのばす。これを何回かくり返す。

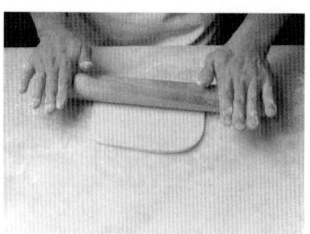

4 適度な厚さに近づいてきたら端まで麺棒を転がして形を整える。

3 四角にのばす──円形→四角──弾力が出やすい生地など

冷蔵庫などで寝かして固くなった生地を丸くまとめてある場合は
この方法だとじょうずにのばせる

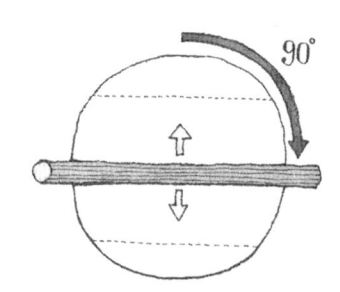

1 麺棒で上を軽く押して少し薄くしてからのばす。両端だけ厚みを残すように前後に麺棒を動かす。

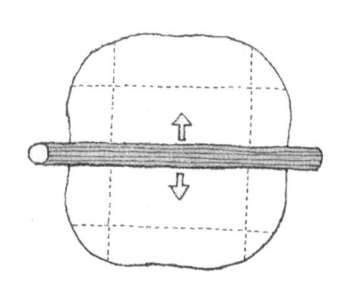

2 生地を90度まわし、同じようにのばす。望む厚さになるまでこれをくり返す。前後の端を残すようにのばしているので、角の4ヵ所に厚みが残る。

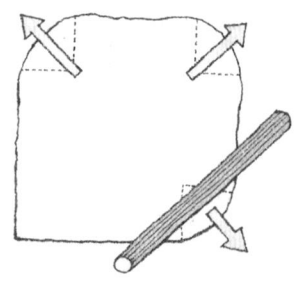

3 最後に麺棒を転がし、角の厚みを外に向かってのばして形を整える（下写真）。たたいてからのばす上の手法と比べ、比較的生地を傷めつけずにのばせる方法でもある。

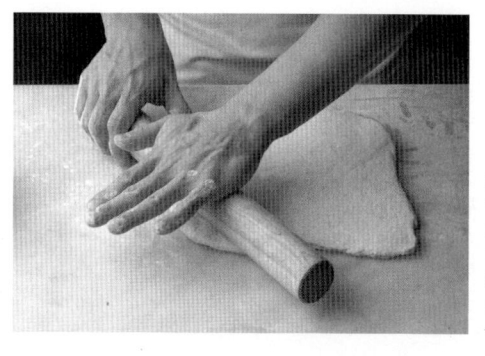

この方法で最後の角を広げのばしているところ。のばす回数が少ないので、弾力が出やすくて練り直しのできないパート・ブリゼ（→P52）や、折りこみパイ生地のバターを包む前のもの（デトランプ→P58）をのばす場合などに有効。

4 丸くのばす

あらかじめ手か麺棒で軽く押しておおまかな円形に整えてからのばす
生地をこまめにまわしながら、麺棒は前後に転がしてのばすが
両端を残しながらのばすのがコツ。均等な厚さに仕上がる

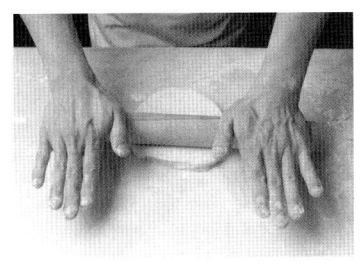

1 麺棒を前後に転がしてのばすが、手前と向こうの端部分はのばさずに残しておく(イラストa、b)。
＊端までのばしてしまうと、麺棒が生地端から落ちるときにそこだけ薄くなる(同c)。

2 生地をこまめにまわしながらのばすことで、きれいな円形に仕上がる。

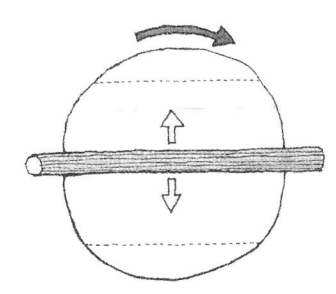

a 前後の端を残してのばしては、まわす

b のばしたものをヨコから見るとこんな感じ

c 両端までのばすと端が薄くなる

のばすときのコツ

丸くのばす場合も四角にのばすときも、絶えず生地を動かしてのばすことが肝心。下の台と生地がくっつくからと打ち粉をしすぎると、配合がくずれてしまう。打ち粉は最小限にして、のばすたびに向きを変えるなどして動かすこと。また生地が冷たいうちに、手早く作業をすることも大切。

切る

包丁いろいろ

① 柔らかいもの、とくにクリームと生地とフルーツといった固さに差がある組合せのケーキなどをカットするときに使う「平刃包丁」。
② 平刃包丁と同様に背と刃の厚みが同じで波状の刃を持ち、固いものをのこぎりのように引きながら切る「波刃包丁」。
③ ものを刻みやすいように、刃先が湾曲して上がっている「牛刀」。肉から野菜、パンまでと万能に使える。
④ 魚をおろすのに使う「ソール包丁」。刃に弾力があってしなり、チョコレート細工に便利。
⑤ 牛刀を小さくしたような「ペティナイフ」（刃渡り11～15cm）は主にくだものに使い、皮をむいたり、カットしたりする。
⑥ 「くりぬき器」。メロンなどをくりぬくほか、コポー（→P132）などチョコレートも削れる。
⑦ 皮むき用の「エコノム」で、「経済的＝エコノム」に薄くむけることからこの名前がある。

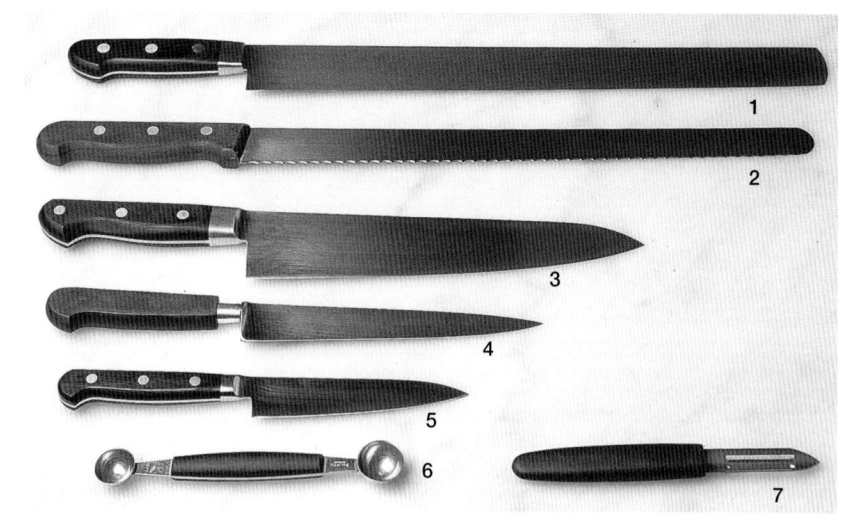

1 平刃を使う

柔らかいものを切る

スポンジをスライスする場合は、高さが同じ製菓用の真鍮またはアルミ製の棒「バール」2本を生地の両側に置き、包丁をつまむ程度に軽く持ってスライドさせながら切る。バールに包丁を押しつけすぎると包丁がたわんで切り口がゆがむので注意。

固さが違う組合せのものを切る

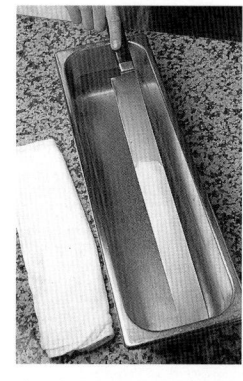

1 包丁はあらかじめ湯（またはバーナー）で温め、フキンで水分をぬぐってから使う。

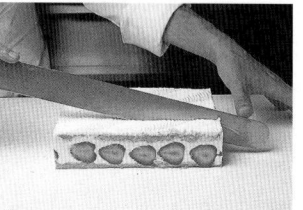

2 温めた包丁で表面を滑らせるように切る。上から下へ押して切るのではなく、斜めに包丁をおろして切る。
オペラ／チョコレートを溶かしながら切る。1つ切ったらくっつかないように離してから次を切る。
ショートケーキ／同じように表面を溶かしながら包丁を入れ、斜めに包丁を動かす。フルーツの断面もきれい。

2 波刃を使う

固めの菓子を切る
固めの生地は包丁を斜めにあて、ギコギコと前後に動かして切る。波状の刃が固い生地にひっかかってくいつきがいい。

くずれやすい パイ生地を切る ミルフィーユ
くずれやすいうえにクリームと生地がずれやすいミルフィーユの場合、ずれないように向こう側を板で押さえて斜めに包丁を入れて切っていく。

3 ペティナイフを使う

くだもの
くだものに斜めに刃をあて、「刃先をまな板につけたまま引いて切る」のがポイント。半割にしたリンゴをスライスするときも切ったものがずれずに残り、そのままままとめて倒して生地などにのせることができる。

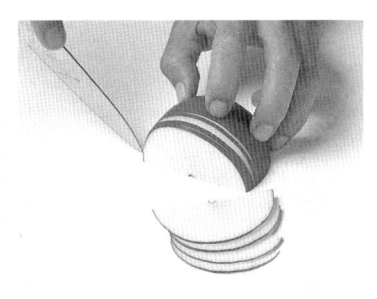

ミルフィーユ
手前に板をあて、ひじをつく格好で左腕全体で板を押さえ、ペティナイフを立てて手前に引くように切る。

筋模様をつける
塗り卵をしたパイ生地などにナイフの先を使って、表面だけを傷つける感覚（生地の下まで貫通しない程度）で模様をつける。

4 ソール包丁を使う

チョコレート細工
トレイなどにのばしたチョコレートを削って細工用（→P132）に使う。魚をおろすときと同様に、刃をしならせて削る。

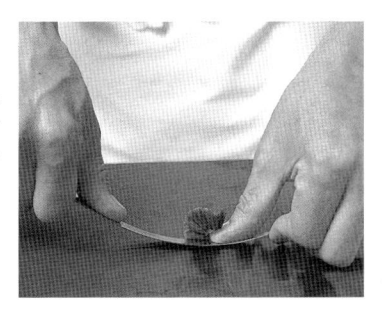

5 エコノムを使う

オレンジやレモンの皮
意識せずとも表皮だけを薄くむくことができる。

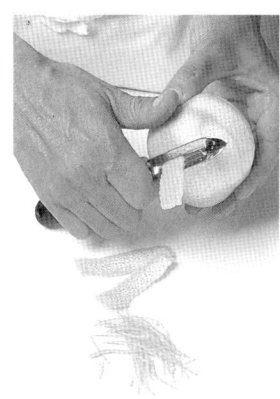

きちんと知っておきたい
4つの基本素材とその働き

お菓子の骨格をつくる
小麦粉

　小麦粉は、生地では形や膨らみを支えて骨格となり、一方、クリームなどでは粘り、濃度をつける働きがあります。
　たとえばスポンジケーキ（→P32）の膨らみは卵の泡の力によりますが、卵の気泡は膨らみをつくるきっかけになるにすぎません。最後まで支えるのは粉なのです。試しにスポンジを小麦粉の分量を減らして焼くと、焼いている間は膨らんでいても、オーヴンから出して冷めるとしぼんで中央が落ちこんでしまいます。
　なぜ小麦粉は骨格となりえるのでしょうか。
　小麦粉の主な成分は70〜75％のデンプン質と10％前後のタンパク質。この小麦タンパクの主成分はグリアジンとグルテニンで、これらは「水」を加えて「こねる」ことで網目状組織のグルテンに変わります。この過程でグリアジンには粘りが、グルテニンには弾力が出て伸縮自在の構造をつくり出すのです。この網目状組織が生地の骨格になります。卵などの気泡を支えて、焼けば膨らみ、最後には熱で固くなるタンパク質の性質からしっかりした骨格が残るというわけです。
　下の写真のスポンジケーキは、小麦粉に全粒粉を混ぜてつくったものです。基本分量の小麦粉すべてを全粒粉に替えたものは膨らまず、半量を全粒粉にしたものは膨らみはやや弱いものの、ある程度の高さがあります。全粒粉は外殻、皮など小麦粒のすべてを挽いたものですが、タンパク質の含有率は下がり、また殻などの固い物質が網目構造をつくる妨げになります。グルテンがお菓子の骨格をつくるのにいかに重要かがわかります。
　このグルテンの弾力を生かしてのびのある生地にするのが折りこみパイですが、反対に弾力が出すぎると食感に影響してまずくなるのがスポンジケーキやバターケーキ（→P32、47）です。弾力が強すぎると逆に泡をつぶして目が詰まるからです。
　グルテンのでき具合は、ほかの材料によっても影響を受けます。塩はグルテンの組織を引きしめ、バターなどの油脂はその形成を妨げます。またこね具合によっても弾力が変わってきます。
　一方、小麦粉のデンプンは熱を加えることで粘りが出る作用があります。これを「糊化」といい、たとえばカスタードクリーム（→P70）の場合、「濃度をつける」役目を果たします。さらにシュー生地（→P64）などは、この糊化作用を利用してのびのあるソフトな食感に仕立てることができるのです。

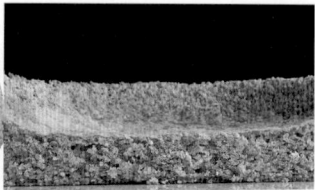

小麦粉の全量を全粒粉に替えたもの

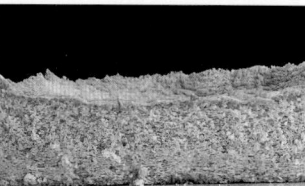

小麦粉と全粒粉が半々のもの

甘味だけでなく、焼き色と
しっとり感をつくる

砂糖

　カロリーが高い、甘くしたくないと砂糖を減らしてお菓子をつくる人もいますが、砂糖には甘さだけではない重要な役割があり、むやみに減らすのは禁物です。

　第一の役割は、卵の泡立ちを安定させることにあります。これは砂糖の吸湿性、保水性によるもの。卵白を泡立てるときに砂糖を入れないと、できた泡の表面から乾燥して泡が壊れていきます。砂糖が入ることによって保湿され、できた泡を長く保つことができるのです。焼いても気泡を保つのはこのためです。ただし、砂糖は入れすぎると泡立ちそのものを邪魔します。

　下の写真は砂糖の量を替えてつくったスポンジケーキ。砂糖を規定分量の3倍量にしたものは砂糖が表面に浮いて結晶化し、中は陥没して中まで火が通っていません。多い砂糖が大量の水分を抱えこんでしまって、火が通りにくくなったのです。砂糖を3分の1にしたものは泡がしっかりしていないので気泡がつぶれて目が詰まり、膨らみが少なくなっています。一般に、砂糖の量が卵の半分以下だと泡が安定しないといわれています。

　砂糖の保湿性はまた、しっとりした食感も生み出します。小麦粉の2倍量の砂糖を使うカステラがしっとりしているのはこのためです。極端に砂糖を減らしてしまうと、すぐにパサつき、日持ちも悪くなります。

　お菓子を焼いたときの香りや色も、砂糖と関係があります。焼き色の正体は、小麦粉や卵のアミノ酸と砂糖の成分が反応してできる褐色のメラノイジンという成分によるものです。このとき独特の香りも生まれます。そのためバターケーキやパート・シュクレ（→P51）など砂糖の配合が多い生地では、焼き色がつきやすいのです。

　このほか砂糖には温度によって性質が変わる特徴があり、これを生かしてフォンダンや砂糖菓子などがつくられます。また、ジャムをつくるときなどに役立つ防腐性もあります（→P159）。

　砂糖にはいろいろな種類があります。精製度が高くあっさりした甘味のグラニュー糖、保湿性が高くてコクがある上白糖。グラニュー糖を粉砕してつくる粉糖は溶けやすいので、バターケーキやパート・シュクレなど大量に混ぜるものに便利です。ほかに黒砂糖（粉末状にしてから使うこと）、ブラウンシュガー、三温糖もグラニュー糖と同じ分量でお菓子に使うことができ、独特の風味となります。

砂糖が通常の3倍のもの

砂糖が通常の3分の1のもの

気泡でお菓子をふっくらさせる
卵

　卵の役割はまず、卵白の起泡性が重要です。泡の力によって生地の膨らみやきめがつくられるからです。卵白を泡立てると、成分中のタンパク質の分子がつながって薄い膜ができ、空気を抱えこみます。これが起泡の仕組みです。前頁にあるように、ここに砂糖が加わって、安定した泡がつくられるのです。

　一般に卵白は日にちがたったもののほうが泡立ちやすいといわれますが、泡のコシは新鮮な卵のほうが強く、風味のうえでも新鮮なものを使うことをすすめます。

　卵黄では、混ざりにくい水と油を結びつける「乳化」作用が大切です。この作用のおかげで、たとえばバターケーキ(→P47)では、全卵の水分が油脂であるバターに滑らかに混ざって口あたりがよくなります。

　カスタードクリーム(→P70)やプリンで利用されるのは、卵のタンパク質が熱によって固まる作用です。凝固温度は卵黄が65〜70℃、卵白は約80℃。砂糖など混ぜる材料や加熱時間によって固まり具合は変化し、ゼリー状にとろみをつけたり、固めたりすることができるのです。

風味とコクが決めての
バター

　植物性のショートニングやマーガリンなどと違うのは、その独特の香り。菓子をしっとりさせるほか、高い風味、コクをつける点では、他の油脂の追随を許しません。口溶けのよいバタークリームは、中でもそれを生かし切ったもの。

　また卵白ほどではありませんが、気泡を抱えこむ性質があり、バターケーキの食感や膨らみを決めるのもバターだといえます。

　また、お菓子づくりで忘れてならないのは小麦粉のグルテンを抑える役割。これを利用して生地の弾力を抑え、パート・シュクレやパート・ブリゼ(→P51〜52)などをホロホロ、サクサクさせます。折りこみパイでは生地でバターを包んで折りたたみますが、焼いたときに、バターが溶けて生地にしみこみ、きれいな層ができて浮き上がります。ほかに、できたパイ生地ののびをよくする伸展性も油脂としてのバターの作用の1つです。

　ただし、バターはいったん溶けてしまうと性質、風味が変わってしまうので、温度管理には気をつけたいものです。常温にもどすときも、手で自由に成形できる程度の固さにとどめておくことがポイントです。

基本の生地

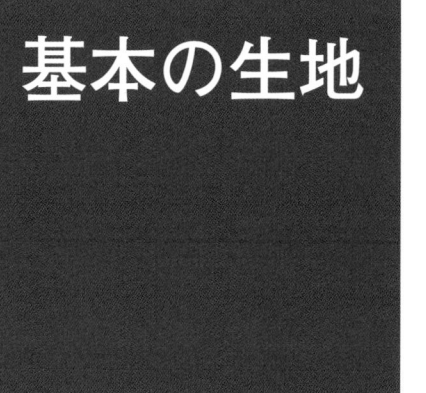

スポンジケーキ・共立て法
パータ・ジェノワーズ
Pâte à génoise
——卵白と卵黄をいっしょに泡立てる方法

全卵は卵白に比べて泡立ちにくいので
湯煎で表面張力をゆるめて泡立ちやすくする
別立て法(→P33)よりもきめ細かい泡ができて
しっとりと焼き上がる

分量　直径18cmの丸型1台分
全卵　3個
グラニュー糖　90g
薄力粉　90g　ふるう
無塩バター　30g
＊湯煎で溶かし、溶かしバターにする。
　人肌より温かい温度で使う。

準備
底用には円形、側面には型より少し出るくらいに帯状に紙をカットして敷きこんでおく。紙はパラフィン紙、ハトロン紙などでOK。全体に焼き目をつけたいときは紙を敷かず、薄くバターを塗って冷やし、強力粉(以上分量外)をふる。

1
ほぐした卵と砂糖を合わせて、湯煎にかけながら中速で攪拌する。液温が人肌くらいになれば湯煎をはずし、高速で泡立てる。
＊温めて泡立ちやすくする。

2
ふっくらと白くなり、たらすとリボン状に折り重なれば完了。
＊最初は、生地で8の字を書いてみて、書き終わる頃に書きはじめが消えるくらいの固さを目安にするとよい。

3
薄力粉を表面全体に散らしながら入れ、ボウルをまわしつつ木ベラかゴムベラで切るように混ぜる(→P14)。
＊泡を練りつぶさないように混ぜるのがポイント。

4
粉が見えなくなったら、溶かしバターをヘラで受けて全体にかかるように入れ、同様に混ぜる。バターが沈みやすいので注意。
＊溶かしバターは50〜60℃だと全体に散りやすく、泡をつぶすことが少ない。

5
準備した型に4を流し入れる。最後にボウルに残った生地もゴムベラで入れるが、泡がつぶれて重い生地になっているので、型の周囲近くに入れる(中央に入れると沈んで芯ができる)。

6
180℃のオーヴンで25〜30分焼く。こんがり焼き色がつき、周囲が焼き縮んで型と生地の間にすき間ができ、中央を押してみて弾力があればよい。

→チョコレート風味にする場合：ココア15gを小麦粉75gに混ぜておく。溶かしバターは20gに(詳細は→P36ショコラティーヌ)。
→コーヒー風味にする場合：インスタントコーヒー5gを同量の湯で溶き、3で薄力粉を加える前に加え混ぜる(詳細は→P37)。

スポンジケーキ・別立て法
パータ・ビスキュイ
Pâte à biscuit
——卵黄と卵白を別々に泡立ててつくる

卵白は全卵よりも泡立ちやすく、つくりやすい
泡はしっかりしていてきめは粗く
絞り出して焼いても形を保つことができる
代表的なお菓子がシャルロット（→P38）

分量　長さ30cmのロールケーキ1本分（→P39）
全卵　3個　卵黄と卵白に分ける
グラニュー糖　90g
薄力粉　90g　ふるう

1
卵黄をほぐし、砂糖の半量（45g）を加えて白っぽくなるまで中速で泡立てる。

2
別のボウルに卵白を泡立て、すくって柔らかい角が立つようになれば、残りの砂糖の半量を加えてさらに泡立てる。
＊「卵白を泡立てる」（→P12）を参照。

3
残りの砂糖を2回に分けて加えては泡立てる。全体につやが出て、すくうと角がピンと立てばOK。

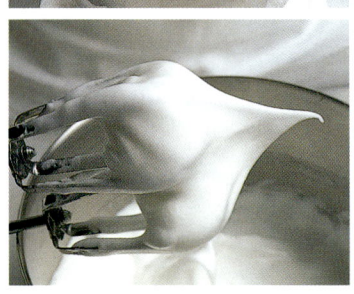

4
1の卵黄のボウルに3の卵白をゴムベラで2すくいほど加えて、切るように混ぜる（→P14）。

5
4を卵白のボウルにもどして、同様にざっと混ぜる。
＊ねっとりした卵黄を1度に混ぜると泡をつぶしてしまうので、少量をまず混ぜて固さを合わせてから混ぜる。

6
薄力粉を全体に散らすように入れて切るように混ぜる。絞り出して焼くのが一般的（焼き方→P38～39）。共立ての5～6（→P32）と同様に、型で焼くこともできる。その場合、最後に溶かしバター（上記の分量で30g）を加えることもある。

よいスポンジケーキとは

共立て、別立てともほどよいキツネ色。均一の高さに膨らみ、押すと弾力がある。断面はきめがそろっていて気泡がきれいに並んだ状態。弾力があるのは、気泡が均一にしっかり残っているから。

失敗例──スポンジケーキ

Q1 よく膨らまず、固くて目が詰まっているのはなぜ？

A1 泡の立て方が足りない。または混ぜすぎて卵の泡がつぶれたため。

スポンジケーキが膨らむのは、卵を泡立ててできた気泡のおかげ。この泡の間にほかの材料が均一に混ざりこむことで、同じ高さで焼き上がり、きめもそろう。

膨らまない原因はまず、泡立て方が足りなくて泡の量が少ないため。しっかりと泡立てることがポイント。また別立て法の場合、砂糖の入れどき（→P12）を間違えず、しっかりとした丈夫な泡をつくらなければ意味がない。

ほかの材料と合わせるときの混ぜ方にも気を遣いたい。泡をつぶしてしまっては、台なし。切るように均一に混ぜる（→P14）。

Q2 きめが粗く、ボソボソなのはなぜ？

A2 粉がよく混ざっていないため。

卵の気泡がつぶれるのを恐れて、ざっとしか混ぜない人がいるが、これは間違い。小麦粉が小さな塊のまま残って、焼き上がりがざらついたり、ひどい場合は白い粉がポツポツと残ったりする。小麦粉は生地の膨らみを支える骨格としての役割を果たす材料（→P28）。骨格は均等にあるべきものだ。粉が見えなくなるまで十分に混ぜることが重要。

A2 卵の泡立てすぎ。

しっかり泡立てるといっても、泡立てすぎてバサバサの状態になると卵の水分が離水し、不安定になる。とくに別立て法の卵白は、砂糖を加える前の泡立てすぎに注意。

Q3 全体が焦げ、中心部が生っぽいのはなぜ？

A3 焼く温度が高すぎた。

オーヴンにはそれぞれクセがある。たとえば上火と下火の強さが違う、場所によって焼きムラができるなど。とくに家庭用オーヴンは小さく、温度が安定しにくいので、知らず知らずのうちに温度が高くなっている場合も多い。自分のオーヴンのクセを知って調節することが大切だ。

表示の温度で焼いて、短時間のうちに焼き色がつくようなら、1度竹串を刺してチェックする。生地が竹串についてまだ生ならば、温度が高いか上火が強い証拠。温度を下げるか、上にアルミ箔などをかぶせて焼けばよい。

Q4 絞り出し用の生地が柔らかくだれてしまうのはなぜ？

A4 卵白の泡立てが足りないから。または混ぜすぎて泡が消えたため。

じょうずにできた生地なら右の写真のようにしっかりと棒状に出る。生地が柔らかくてだれる（写真左）理由は、泡の量が少ないため。泡立てが足りないか、混ぜすぎて泡がつぶれたかのどちらか。また放置しておくと卵の泡は消えてしまうので、生地をつくったら手早く絞ることが肝心。泡の量が少なくだれてしまった生地は、焼くと固いせんべいのようになる。

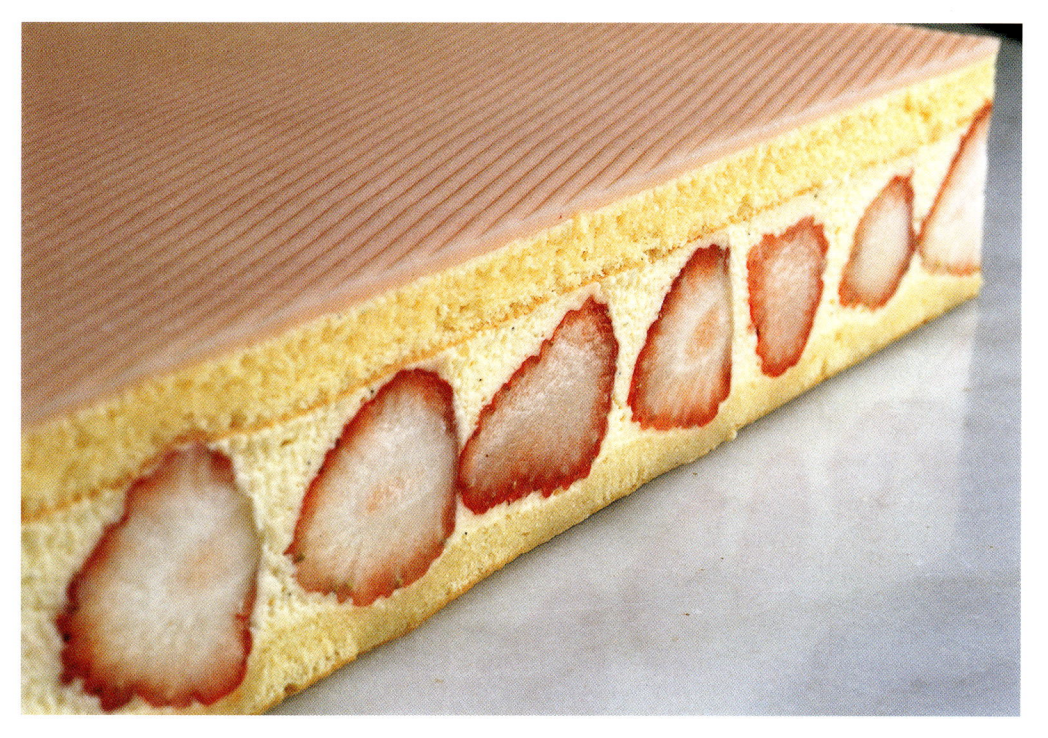

応用菓子

フレジエ
Fraisier

フランスでポピュラーなイチゴのケーキ
ここでは生地は天板に薄く流し、高温、短時間で焼く

分量　30×15cm約1台分
＊30cm角の天板を用意する。
パータ・ジェノワーズ（→P32）　基本分量
キルシュ風味のシロップ　下記を混ぜておく
　┌ シロップ　50cc
　│　＊シロップはグラニュー糖1：水2の比率で
　│　　砂糖を煮溶かしてつくり、冷ましておく。
　└ キルシュ　40cc
クレーム・ムースリーヌ（→P71）
　┌ カスタードクリーム（→P70）　600g
　└ バター　350g　常温で柔らかくもどしておく
イチゴ　40粒　ヘタをとってフキンでふいておく
マジパン（→P144）　300g
　└ 食紅、粉糖　各適量
　　＊食紅は少量の水で溶いておく。

a

b

1　パータ・ジェノワーズをつくり、紙を敷いた天板に平均に流してカードかパレットで均し（写真a）、200℃のオーヴンで15分焼く。焼けたら天板から紙ごとはずし、アミの上で冷ましておく。
＊天板に生地を塗り広げる場合、まず四隅にのばしてから、その間を埋めもどすように均す。均しすぎて気泡をつぶさないようにするのがポイント（→P16）。
2　冷ました生地の紙をはがして2等分にし、一方の焼き目側にキルシュ風味のシロップの半量ほどをハケで塗る。
3　半量のクレーム・ムースリーヌを塗ってイチゴを並べ、残りのクリームを塗る（写真b）（クリームはカップ1杯ほど残す）。
4　もう1枚の生地を焼き目を下にしてのせ、バットで全体を押さえ、生地とクリームを密着させ、残りのシロップをハケで塗って、残しておいたクリームを薄く塗る。
5　マジパンに色をつける。粉糖を打ち粉にしながらマジパンをこね、水に溶いた食紅を練りこんでピンクに色づける。
6　5のマジパンを薄くのばし、カヌレの麺棒（→P23）を斜めに転がして模様をつける。麺棒に巻きつけて4の上面にのせて広げ、密着させる。端をカットして整える。

ストロベリーショートケーキ
Shortcake

日本ならではの柔らかい生地とクリームの組合せ
スポンジを平均した厚さにスライスするのがポイント

分量　直径18cmの円形1台分
パータ・ジェノワーズ(→P32)　基本分量
キルシュ風味のシロップ　下記を混ぜておく
　┌ シロップ(→P35)　60cc
　└ キルシュ　45cc
クレーム・シャンティー(→P75)
　┌ 生クリーム　400g
　└ 粉糖　32g
イチゴ　30粒
＊ヘタをとってふく。20粒は半割にしておく。

1　パータ・ジェノワーズを基本どおりにつくって焼き、冷ましておく。これにバールをあてて1.5cm厚さに2枚スライスする(写真a。→P26)。焼き目は使わない。
2　生地1枚に半量のシロップをハケで塗り、クレーム・シャンティーを薄く塗る。
3　半割にしたイチゴを並べ、さらにイチゴがかくれる量のシャンティーをのせて均し、もう1枚の生地をのせて上から軽く押さえる。
＊この時点でシャンティーは半分以上残しておく。
4　2と同様にシロップを塗る。シャンティーを飾り用に少量残し、全体に薄く下塗りしてからコーティングする(→P17)。
5　星口金をつけた絞り袋で残りのシャンティーを4の上面に菊形に絞り、イチゴを飾る。

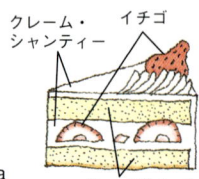

ショコラティーヌ
Chocolatine

共立て生地をココア風味に仕立てて使う
滑らかなチョコレートクリームに
フランボワーズジャムの酸味がアクセント

分量　直径18cmのセルクル1台分
チョコレート風味のパータ・ジェノワーズ　直径18cm丸型1台分
　┌ 全卵　3個
　│ グラニュー糖　90g
　│ 薄力粉　75g ┐合わせてふるう
　│ ココア　15g ┘
　└ 無塩バター　20g　湯煎で溶かしておく
フランボワーズ風味のシロップ　下記を混ぜておく
　┌ シロップ(→P35)　50cc
　└ フランボワーズのブランデー　40cc
フランボワーズ・ペパン　150g
＊フランボワーズの種入りジャム。自家製をつくることもできる(→P162)。
シャンティー・ショコラ(→P76)　基本分量
ココア、ガナッシュ(→P80)　各適量

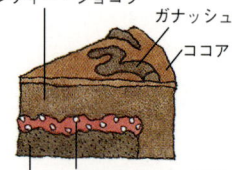

1　パータ・ジェノワーズ(→P32)を参照し、生地をつくって丸型で焼いておく。ただし、基本分量の薄力粉90gのうち15gをココアに替えて薄力粉に混ぜて3で加え(写真b)、溶かしバターは20gにする。焼けたら型からはずして冷ます。
2　1の生地を1.5cm厚さにスライスする。うち1枚だけを使う。
3　2の生地をひとまわり小さくカットし、これにシロップをハケで塗ってからフランボワーズ・ペパンを塗る。
4　シャンティー・ショコラの半量ほどをセルクルの内側に塗って3の生地に上からかぶせてはめる。
5　残りのシャンティーを上にのせ、パレットで表面を均してそのまま冷蔵庫で冷やして落ち着かせる。
6　ココアを上にふってから型をはずし、好みでガナッシュを紙のコルネ(→P21)で絞る。

ビュッシュ・ド・ノエル
Bûche de Noël

薪をかたどった伝統的クリスマスケーキ
コーヒー風味の共立て生地パータ・ジェノワーズは
巻きやすいように、柔らかく焼ける配合

分量 長さ約20cm 1本分
コーヒー風味のパータ・ジェノワーズ
＊30cm角の天板1枚を用意する。
- 全卵　3個
- グラニュー糖　120g
- 薄力粉　90g
- コーヒー液　合わせて溶いておく
  - インスタントコーヒー　5g
  - 湯　5cc
- 牛乳　10cc

ラム酒風味のシロップ　下記を混ぜておく
- シロップ(→P35)　50cc
- ラム酒　40cc

2種のバタークリーム
- パータ・ボンブベースのバタークリーム(→P82)　330g
- コーヒー液　合わせて溶いておく
  - インスタントコーヒー　5g
  - 湯　5cc
- カカオマス(→P129)　35g　刻んでおく

市販の飾り各種　適宜
粉糖、ココア　各適量

1　パータ・ジェノワーズの1～4(→P32)を参照してコーヒー風味の生地をつくる。ただし、コーヒー液は3で薄力粉を入れる前に加え混ぜ、溶かしバターの代わりに人肌に温めた牛乳を使う。
＊薄くのばすので焼くときに乾きやすい。しっとりさせるために砂糖を増やし、巻きやすくするために牛乳で水分を補う。
2　紙を敷いた30cm角の天板に1を流して均し(→P16)、200℃のオーヴンで15分焼く。焼けたら天板から紙ごとはずし、アミの上で冷ましておく。
3　パータ・ボンブベースのバタークリームに風味をつける。クリームのうち220gにはコーヒー液を加え、泡立て器でよくすり混ぜてコーヒー風味のクリームをつくる。残りのバタークリーム110gには湯煎で溶かしたカカオマスを加え、同様に混ぜてチョコレート風味のクリームをつくる。
4　2の生地の紙をはがし、別の紙を下に敷いて、生地の焼き目側にラム酒風味のシロップをハケで塗り、コーヒー風味のクリームを1割ほど残してパレットで塗り広げる。
5　下に敷いた紙をすのこ代わりにして端からロール状に巻く。そのまま紙を巻きつけて冷蔵庫に30分くらい入れる。
＊冷蔵庫で冷やすことで、クリームと生地が固まって扱いやすくなる。
6　端を斜めにカットし、切り株に見立てて上にのせ、残したコーヒー風味のクリームのうち少量を使って接着する(写真a)。
7　チョコレート風味のクリームを少量残してパレットで全体にコーティングし、フォークなどを使って木肌のような模様をつける。
8　切り口には、残った2種類のクリームをそれぞれ口径13mmの丸口金で中心部から交互に年輪のように丸く絞り、冷やし固めてから表面を切って平らにする。
9　飾りを適宜あしらい、ケーキの周りに粉糖とココアをふって雪にする。

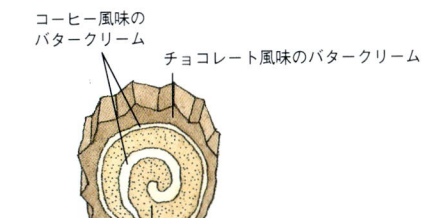

コーヒー風味のバタークリーム
チョコレート風味のバタークリーム
コーヒー風味のスポンジ(共立て)

a

洋ナシのシャルロット
Charlotte aux poires

別立ての生地を絞り出して器をつくり
バヴァロワを詰めた帽子という名前のケーキ

分量　直径18cmの丸型2台分
パータ・ビスキュイ(別立てスポンジ)
┌ 全卵　5個　卵黄と卵白に分ける
│ グラニュー糖　150g
│ 薄力粉　150g
└ 粉糖(焼成用)　適量
洋ナシ風味のシロップ　下記を混ぜておく
┌ シロップ(→P35)　50cc
└ 洋ナシのブランデー　40cc
缶詰の洋ナシ(半割)　16切れ
洋ナシのバヴァロワ
┌ アングレーズソース
│ ┌ バニラスティック　1/2本
│ │ 牛乳　250cc
│ │ 卵黄　4個
│ └ グラニュー糖　80g
│ ゼラチン　9g　もどしておく(→P115)
│ 洋ナシのブランデー　25cc
└ 生クリーム　250g
ナパージュ　適量　水少量を加えて煮つめる
＊ナパージュは市販のフルーツの上がけ。

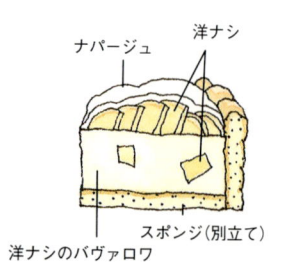

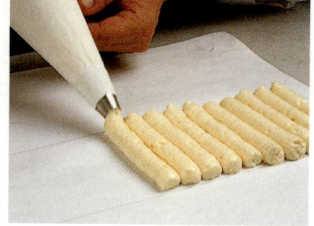

1　別立て法でしっかりした生地をつくる(写真a。→P33)。
2　天板に紙を敷き、口径11mmの丸口金で生地を9cm長さの棒状につなげて絞り、長さ30cmの帯状にする(写真b)。これを2つつくって側面用にする。底には、うず巻状に絞って直径17cmのディスク形2枚をつくる(→P19)。
3　側面用の生地だけに粉糖を2回ふり(1回めが溶けたら2回めをふる)、ディスク形の生地とともに200℃のオーブンで15分ほど焼く。
4　直径18cmの型の側面には帯状に絞った生地を焼き目を外側に向けてはめこみ、底にはディスク形のものを入れる。内側に洋ナシ風味のシロップをハケで塗る。
5　1台につき洋ナシの半割2切れを1.5cm角にカットして、4に散らし入れる。残りは飾り用に使う。
6　バヴァロワをつくる。まずアングレーズソースをつくる。卵黄と砂糖をまわし混ぜ、裂いたバニラスティックを入れて沸騰させた牛乳を加え混ぜ、中火で加熱しながらとろみをつける(→P79)。
7　とろみがついたら水でもどしたゼラチンを加え混ぜる。裏ごしして、とろみがつくまで氷水にあてて混ぜながら冷やし、洋ナシのブランデーを加える。
8　生クリームをリボン状に落ちる程度に柔らかめに泡立て、7を加えながら切るように混ぜる(→P14)。底の生クリームを混ぜ残さないように注意。
9　8を5に流し入れ、冷蔵庫で冷やし固める。
10　飾り用に残した洋ナシをスライスし(→P27ペティナイフを使う)、そのまま斜めに倒してずらして重ね、9の上に飾る。洋ナシは好みでバーナーで焼き目をつける。
11　水を加えて煮つめたナパージュを洋ナシの上にハケで塗ってつやを出す。

フルーツのロールケーキ
Roulé aux fruits

別立て生地を絞り出して使ったロールケーキ
爽やかなフルーツと組み合わせるため
卵はしっかりと泡立てて、軽く仕上げる

分量　長さ30cm 1本分
パータ・ビスキュイ(別立てスポンジ。→P33)　基本分量
└ 粉糖(焼成用)　適量
コアントロー風味のシロップ　下記を混ぜておく
┌ シロップ(→P35)　25cc
└ コアントロー　25cc
クレーム・シャンティー
┌ 生クリーム　200g
└ 粉糖　16g
オレンジ　1/2個
イチゴ　3粒
キウイ　1/4個
バナナ　1/2本
＊フルーツはそれぞれひと口大にカットしておく。

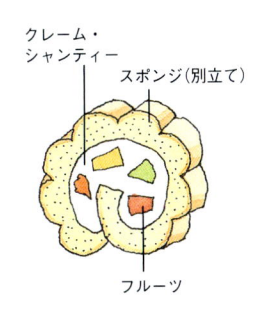

1　別立て法でしっかりした生地をつくる(→P33)。
2　紙の上に20×30cmの長方形に線を書き、1の生地を口径9mmの丸口金で1.5cmくらいの太さで斜めに棒状につなげて絞り出す。
3　表面に粉糖を2回ふって(1回めが溶けたら2回めをふる。写真a)紙ごと天板にのせ、200℃のオーヴンで15分焼く。焼けたら冷ます。
4　紙をはがし、生地を裏返して別の紙の上にヨコ長に置き、コアントロー風味のシロップをハケで塗る。すくうと角がゆっくりたれる程度の固さに泡立ててクレーム・シャンティーをつくり(→P75)、巻きはじめの部分が厚くなるようにパレットで全体に塗り広げる。
5　厚く塗った部分にフルーツを散らし、下に敷いた紙をすのこ代わりに使って手前からロール状に巻く。紙をそのまま巻きつけて冷蔵庫に30分以上入れて冷やしてからカットする。

ビスキュイ・ジョコンド
Biscuit joconde
——アーモンドを使って、薄く焼き上げる生地

オペラに使う、別立て生地の1つ
全卵を泡立てて、さらにメレンゲを加えてつくる
卵白の泡立て方がポイント

分量　40×60cm天板1枚分
＊40×60cmの天板がなければ30cm角のものを2枚用意する。
全卵　170g（3個半）
タンプータン（詳細は→P142）
　アーモンドプードル　125g ┐
　粉糖　125g　　　　　　　 ┤合わせてふるう
薄力粉　30g　　　　　　　 ┘
卵白　120g
グラニュー糖　25g
無塩バター　25g
＊湯煎で溶かし、溶かしバターにする。
　人肌より少し温かい温度で使う（→P32）。

準備
カットして四隅に切りこみを入れたオーヴンペーパーを、何ヵ所かバターなどを糊代わりに塗ってから天板に貼りつけておく。

1 全卵をほぐし、タンプータンと薄力粉を入れたボウルに入れ、ミキサーで撹拌する。最初は粉が飛ばないように低速にし、全体がなじんだら高速にして混ぜる。

2 もったりしたリボン状になるまで10～15分泡立てる。
＊しっかりした気泡をつくるために長めに撹拌する。

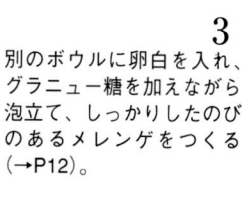

3 別のボウルに卵白を入れ、グラニュー糖を加えながら泡立て、しっかりしたのびのあるメレンゲをつくる（→P12）。

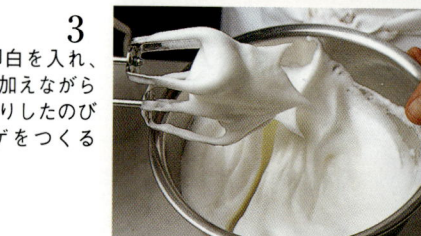

4 2を大きなボウルに移し、メレンゲを入れてゴムベラで切るようにさっくり混ぜる（→P14）。
＊気泡をつぶさないようにし、全体が混ざればよい。

5 溶かしバターを散らし入れ、同様に混ぜる。バターが底に沈みやすいので、混ぜ残しがないように底までよく混ぜる。

6 準備した天板に流し、パレットでのばす（→P16）。
＊のばすときに均しすぎると、気泡がつぶれるので注意。30cm角天板2枚を使う場合は、生地はやや厚めになる。

7
親指を生地の縁に入れてぐるりと1周する。
＊縁どりをしておくと、焼き上がりに生地をはずしやすい。

8
210℃のオーヴンで約10分焼く。焼けたら天板からはずし、紙をつけたまま冷ましておく。
＊気泡が均一に入り、柔らかく曲げられるのが、よい焼き上がり。

失敗例──ビスキュイ・ジョコンド

Q1
表面がデコボコしてしまった(写真上)のはなぜ？

A1
天板にのばすときに均しすぎて泡がつぶれたり、くっついたりして気泡が不均一に焼き上がってしまったから。または混ぜ足りなかったから。卵のベースとメレンゲが混ざり切っていないと、ダマができる。ダマができるとデコボコになりがちで、かえって均しすぎてしまうという悪循環も起こる。

Q2
生地の目が詰まりすぎてしまった(写真下)のはなぜ？

A2
これも均しすぎで、気泡がつぶれてしまったから。生地が薄く、固くなり、食感も重めになる。

応用菓子

オペラ
Opéra

コーヒー、チョコレートのクリームと
シロップをたっぷり含んだ生地のハーモニー

分量　20×30cm 1台分
ビスキュイ・ジョコンド（→P40）　基本分量
コーヒーシロップ
＊コーヒー液で砂糖を溶かして冷まし、コーヒーエキスを混ぜる。
　┌ コーヒー液（通常の飲む濃さでいれたもの）　200cc
　│ グラニュー糖　20g
　└ コーヒーエキス（市販）　少量
コーヒー風味のバタークリーム
　┌ イタリアン・メレンゲベースのバタークリーム（→P82）　200g
　│ コーヒー液　合わせて溶いておく
　│ ┌ インスタントコーヒー　10g
　└ └ 湯　10cc
ガナッシュ（→P80）　300g
コーティング用チョコレート（市販のパータ・グラッセ）適量
＊パータ・グラッセは油脂を加えたチョコレートで、
　コーティング用にのびやすくしたもの（→P129）。
　湯煎で溶かし、使うときに40℃くらいになるように調整しておく。
金箔　少量
クーヴェルチュール（→P129）適量
＊テンパリング（→P130）したもの。

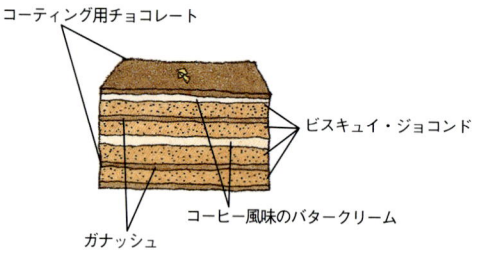

1　基本どおりにビスキュイ・ジョコンドをつくって焼き、冷ましておく（→P40）。
＊30cm角天板を使う場合は、生地の4分の3量を2枚にのばして焼く。

2　イタリアン・メレンゲベースのバタークリームにコーヒー液を加えて泡立て器でよくすり混ぜ、コーヒー風味のバタークリームをつくる。

3　ビスキュイを4等分して20×30cmの生地を4枚とる。
＊30cm角天板で焼いた場合は、1枚を半分にカットして4枚にする。以下、クリームなどは4分の3量にして使う。

4　1枚の焼き目側に40℃に調整したコーティング用チョコレートをパレットで薄くのばし、冷やし固める。
＊たっぷり生地に塗るシロップがもれないよう、防水する目的でコーティングするが、味に影響しないように薄くのばす。

5　4を裏返し、表面にシロップをハケでたっぷり塗ってから（写真a）ガナッシュの半量をパレットでのばす。

6　生地1枚の焼き目側を下にして重ね、シロップをたっぷり塗って2のバタークリームの3分の2量をのばす。同様に生地にシロップを塗って重ねる。

7　5〜6を参照して下から生地、ガナッシュ、生地、コーヒー風味のバタークリーム、生地、ガナッシュ、生地の順になるように重ねていく。最後に残りのバタークリームを上面にパレットでのばす。1時間以上冷蔵庫に入れて固め、生地とクリームを密着させる。

8　7を天板の上にのせたアミの上に置き、4の残りのコーティング用チョコレートをふたたび40℃くらいに調整してかけ、パレットで均して冷蔵庫で冷やし固める。

9　好みでテンパリング（→P130）したクーヴェルチュールを紙のコルネ（→P21）に入れて飾り文字などを描く。上に金箔を飾る。十分に冷やしてから側面を落としてカットする（→P26）。

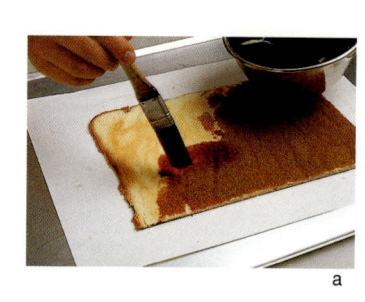

コーティング用チョコレート
ビスキュイ・ジョコンド
コーヒー風味のバタークリーム
ガナッシュ

a

パータ・ダッコワーズ
Pâte à dacquoise
——卵白を主体に使う、歯切れのいい生地

フランス・ダックス地方の伝統菓子に使われる生地
最近はムースなどにも用いられ
表面はサクッ、中はねっちりした食感が特徴

分量　直径15cmリング型で2枚分
メレンゲ
- 卵白　200g
- グラニュー糖　50g

タンプータン（詳細は→P142）
- アーモンドプードル　120g
- 粉糖　120g

合わせてふるう

薄力粉　30g
粉糖（焼成用）　適量

1
卵白に砂糖を加えながら、角が立つまで泡立ててしっかりしたメレンゲをつくる（→P12）。

2
合わせてふるった粉類を1に少しずつふり入れながら、ゴムベラで切るように混ぜる（→P14）。

3
粉が見えなくなって滑らかになればよい。粉糖をたっぷりと2度ふって（1度めが溶けたら次をふる）、180～200℃のオーヴンで焼く。

応用菓子
ダッコワーズ
Dacquoise

バタークリームを薄くはさむ
日本ならではの小判形ダッコワーズ

分量　20個分
パータ・ダッコワーズ(→P43)　基本分量(4×6cm楕円型40枚分)
プラリネ風味のバタークリーム
　[イタリアン・メレンゲベースのバタークリーム(→P82)　200g
　　プラリネ(市販、または→P148)　30g

1　基本どおりに生地をつくる(→P43)。シルパット上に置いた楕円形のシャブロン型に絞り入れてパレットで均し、型を上にはずして生地を抜きとる。
＊シャブロン型は金属、ゴム、シリコン、厚紙などに穴をあけた型。
2　1の生地に粉糖を2度たっぷりとふり(1度めが溶けたら次をふる)、200℃のオーヴンで約20分焼く。焼けたら冷ましておく。
3　クリームをつくる。イタリアン・メレンゲベースのバタークリームにプラリネを加え、泡立て器でしっかりまわし混ぜてプラリネ風味のバタークリームをつくる。
4　2の粉糖をふっていない面に3のクリームを小さなパレットで塗り、2枚1組ではさむ。

ダッコワーズ・プラリネ
Dacquoise praliné

本場では大きくうず巻状に絞って焼き
クリームをはさんだものが主流
ここではリング型で抜いてつくってみた

分量　直径18cm円形1台分
＊直径18cmリング型2個を用意する。
パータ・ダッコワーズ（→P43）　基本分量
プラリネ風味のバタークリーム
　[イタリアン・メレンゲベースのバタークリーム（→P82）　250g
　　プラリネ（市販、または→P148）　50g
ラム酒漬けレーズン　50g
＊湯でもどしたレーズンをラム酒に1週間以上浸しておく。
粉糖（飾り用）　適量

1　パータ・ダッコワーズをつくる（→P43）。
2　型を準備する。リング型を水に浸けてぬらして（写真a）タオル上にたたきつけ、余分な水分を落としてシルパットの上に2個並べる。
＊生地を抜きやすくするためにぬらす。
3　準備した型に生地を分け入れてパレットで均す（写真b）。上に粉糖をたっぷり2度ふって（写真c。1度めが溶けたら次をふる）型をまっすぐ上にはずす。180℃のオーヴンで20分焼く。焼けたら冷ましておく。
4　クリームをつくる。イタリアン・メレンゲベースのバタークリームにプラリネを加え、泡立て器でしっかりまわし混ぜてプラリネ風味にする。
5　生地1枚の粉糖をふっていない面の周囲に、クリームを大きめの星口金で菊形に順に絞って1周する。中央にはうず巻状に絞る。
6　ラム酒漬けレーズンの汁気を切ってクリームの上に散らし、もう1枚の生地ではさむ。上にひとまわり小さい型をあてて、外周部分だけに粉糖をふって飾る。

ソレイユ
Soleil

タルト生地のような形に絞って焼いたもの
器代わりにするので固めの配合がポイント

分量　直径15cm円形2台分
*直径15cmのセルクルを2個用意する。
パータ・ダッコワーズ
　メレンゲ
　　卵白　200g
　　グラニュー糖　160g
　アーモンドプードル　160g ┐
　粉糖　80g　　　　　　　　├ 合わせてふるう
　薄力粉　30g　　　　　　　┘
　粉糖（焼成用）　適量
クレーム・ディプロマット
　カスタードクリーム（→P70）　200g
　生クリーム　100g
　ラム酒　15cc
フルーツ各種　適量
*マンゴー、グレープフルーツ、パイナップル、
　グロゼイユ（赤スグリ）など。
　皮のあるものはのぞき、
　大きいものはひと口大にカットする。
コポー・ショコラ　適量
*クーヴェルチュール（→P129）の側面をナイフで削ってつくる。
　溶かしたチョコレートでつくるものもある（→P132）。
あればプラケット・ショコラ（→P133）　適量
ナパージュ（フルーツの上がけ。市販）　適量

1　基本のパータ・ダッコワーズと同様に生地をつくる（→P43）。
*砂糖の総量は基本のつくり方とほぼ同じだが、卵白に加える砂糖を多くしてしっかりしたメレンゲを仕立てる点が異なる。
2　セルクルの内側にカットしたオーヴンペーパーを貼りつけ、シルパット上に並べる。口径13mmの丸口金で型側面に沿って涙形に1周絞る。次に中央にうず巻状に絞る（写真a～b）。
*涙形は、側面に押しつけながらシューの要領で丸く絞っては（→P19）絞り終わりを手前に引っ張ればよい。
3　粉糖をたっぷりと2回ふり（1度めが溶けたら次をふる）、180℃のオーヴンで30分焼く。冷ましておく。
4　クレーム・ディプロマットをつくり（→P71）、最後にラム酒を加え混ぜる。
5　冷めた生地中央に口径13mmの丸口金で4のクリームをうず巻状に絞り、フルーツとコポー・ショコラ、あればプラケット・ショコラを飾る。ナパージュに水少量（分量外）を加えて煮つめたものをフルーツだけにハケで塗る。

バターケーキ
Pâte à cake
——バター、砂糖、卵、粉が同量のしっとりした生地

4つの材料を4分の1ずつ混ぜることから、この生地でつくる
お菓子は「カトルカール Quatre-quarts」とも呼ばれる
バターと砂糖をしっかり混ぜ、空気を含ませるのがポイント

分量　約7×20cm、高さ7cmのパウンド型1台分
無塩バター　150g　常温にもどしておく
粉糖　150g　ふるう
全卵　3個　常温にもどしておく
レモンの表皮のすりおろし　2個分
薄力粉　150g
ベーキングパウダー　3g]合わせてふるう

準備
型底に厚紙を入れて、四隅をカットした紙を型に敷いておく。
＊長時間オーヴンに入れるので、厚紙を入れて底だけが焦げるのを防ぐ。

1
常温にもどしたバターを泡立て器でまわし混ぜてクリーム状にし、粉糖を加えてさらに混ぜる(→P14)。
＊混ぜにくければ粉糖を何回かに分けて加える。

2
十分に空気を含んで白くふわっとなる。黄色いバターがこの状態になるまで泡立てること。
＊混ざりやすい粉糖を使っているが、砂糖は上白糖、グラニュー糖でもよい。

3
すりおろしたレモンの表皮を加えたあと、溶きほぐした卵を大さじ2杯ほどずつ加え、そのつど滑らかになるまでまわし混ぜる。
＊卵は油脂であるバターに混ざりにくいので、常温にもどして少しずつ混ぜこむ。

4
粉類を加え、ゴムベラか木ベラに持ち替えて切るように混ぜる(→P14)。

5
粉気がなくなり、つやが出るまでていねいに混ぜる。

6
型に生地を入れる。膨張するので型の6〜7分めまでにとどめ、表面を均す。170℃で約60分焼く。焼けたら粗熱をとって型からはずし、冷ましておく。

ポイント
バターケーキの膨らみ

バターと砂糖を白っぽくなるまでふわっと泡立てることがポイント。バターの中に細かい気泡が混ざりこんだ証拠で、この気泡が焼き上がりのきめを左右する。
生地を焼くと生地中の水分が水蒸気となる。またベーキングパウダーなどの膨張剤を加えた場合は、そこから炭酸ガスが発生する。これらの気体がバターの中の気泡にくっついて膨らむ。これが膨らみの仕組みだ。よりきめ細かいバターケーキをつくりたいなら、バターによりたくさんの細かい泡を含ませるためによく混ぜることが基本となる。バターを湯煎にかけるなどして、柔らかくしすぎたり溶かしてしまったりすると泡を含まず、失敗するので注意したい。

形よく焼き上げるためには

きれいに割れ目ができるのが、理想的なバターケーキの形。焼成時に、生地にうっすらと焼き色がついてきたら、いったんとり出し、水でぬらしたナイフでやや深めにタテに切りこみを入れてオーヴンにもどすと、きれいに割れて焼き上がる。

失敗例──バターケーキ

Q1
バターに卵を混ぜたら分離してしまった。

A1
卵を1度に入れてしまったのでは？

もともと油脂の中に水分を加えるので混ざりにくい。まして1度に大量に混ぜてしまったら混ざらない。何回かに分けて少しずつ加え混ぜ、そのつど完全に混ざってから次を加えるようにしたい。

A1
または卵が冷えすぎていたから。

卵の温度が低いとバターに加えたときに急激に冷えてバターが固まり、余計に混ざりにくくなる。卵はかならず常温にもどしておくこと。

● リカバーするには

分離すると混ぜてできた気泡も逃げてしまうので、そのまま粉を加えて焼いても膨らみが悪く、重くなる。ただし、分離初期段階ならばリカバーできる。バター全体につやがなくなってもろっとしてきたとき、または混ぜる泡立て器の抵抗感がすっとなくなったら分離しはじめた証拠だ。このとき、分量の粉からほんの少しとって加え混ぜる。粉が余分な水分を吸って修復できる。

Q2
表面はよく焼けているのに、中が生なのはなぜ？

A2
焼成温度が高いか、上火が強すぎたため。

バターケーキはバターと砂糖の配合が多い生地。だから砂糖の働きで色が早くつきやすい（→P29）。生地の厚みもあるので低めの温度でじっくり焼くのが焼成の基本。早いうちに色がついてしまったら上火を弱める、上下の火加減ができないオーヴンの場合は上にアルミ箔をかぶせて焼くなどの工夫が必要。
中まで焼けているか確かめることも肝心だ。一番火が入りにくいのは生地中央部。そこめがけて竹串を深めに刺し、生地がついてこなければ火が通っている。

応用菓子
フルーツケーキ
Cake aux fruits

卵黄をプラスしたリッチな生地に
ドライフルーツをたっぷり入れたもの
焼き上がってからしばらくおくと味がなじむ

分量　約7×20cm、高さ7cmのパウンド型1台分
無塩バター　120g　常温にもどしておく
粉糖　120g　ふるう
全卵　2個 ┐常温にもどしておく
卵黄　1個 ┘
薄力粉　150g ┐合わせてふるう
ベーキングパウダー　2g ┘
ミックスフルーツの砂糖漬け（市販）　250g
バニラエッセンス　適量
アプリコットジャム　適量
＊水少量を加えて煮つめる（→P56アマンディーヌ）。

1　基本どおりに生地をつくる（→P47）。全卵と卵黄はあらかじめ合わせておいていっしょに加え混ぜ、レモンの表皮のすりおろしは加えない。
2　生地が完成したらミックスフルーツとバニラエッセンスを加え、切るように混ぜる（写真a）。型に流して170℃のオーブンで約60分焼く。仕上げに水少量（分量外）を加えて煮つめたジャムをハケで上面に塗る。

a

マドレーヌ
Madeleine

貝殻形のフランス・ロレーヌ地方の銘菓は
バターケーキの変形といえるつくり方
順番に材料を混ぜるだけの簡単さ

分量　マドレーヌ型30個分
全卵　3個　常温にもどしておく
粉糖　180g　ふるう
レモンの表皮のすりおろし　1個分
薄力粉　150g ┐合わせて
ベーキングパウダー　5g ┘ふるう
無塩バター　150g　湯煎で溶かす

準備
型に柔らかいバターを薄く塗って（写真b）冷やしておき、生地を入れる直前に強力粉（以上分量外）をふる。

1　卵をボウルに入れて泡立て器でよく溶きほぐし、粉糖、レモンの表皮のすりおろしを加えてよく混ぜる。
＊泡立てる必要はない。
2　ふるった粉類を1に加え、よくまわし混ぜる。
3　溶かしバターを少しずつ加えて、そのつど滑らかになるまで、よくまわし混ぜる（写真c）。
4　生地を準備した型に7分めまで流し入れ、170℃のオーブンで約15分焼く。焼けたら型からはずして冷ます。

b

c

フィナンシェ
Financier

香ばしい焦がしバターが風味のポイントだ
材料を混ぜる順序はマドレーヌとほぼ同じ
型にたっぷり塗るバターも味の一部

分量　フィナンシェ型12個分
無塩バター　100g
卵白　100g　常温にもどしておく
グラニュー糖　100g
ハチミツ　20g
アーモンドプードル　40g ┐合わせてふるう
薄力粉　40g　　　　　　 ┘

準備
型には柔らかいバター(分量外)をハケでたっぷり塗っておく。

1　焦がしバターをつくる。バターを鍋に入れて中火にかけて焦がす。これを漉して泡とアクをとりのぞき、粗熱をとっておく。
2　卵白を泡立て器でほぐし、砂糖とハチミツを加えてよくまわし混ぜる。
3　合わせてふるった粉類を2に加え、滑らかになるまでまわし混ぜる。ここに1の焦がしバターを加えて、さらによく混ぜる(写真a)。
4　準備した型に生地を9分めまで流し入れ、200℃のオーヴンで15〜20分焼く。焼けたら型をはずしてひっくり返し、冷ましておく。
＊ひっくり返すことで表面が平らになる。

練りこみ生地
パート・シュクレ
Pâte sucrée
――すり混ぜたバターと水分に粉を混ぜてつくる甘い生地

サクサクとした口あたりが特徴
これは粘りの原因、グルテンの形成を妨げる
バターを最初に混ぜているため

分量　でき上がり550g（直径20cmのタルト型2台分）
無塩バター　125g　常温にもどしておく
塩　2.5g
粉糖　100g
全卵　1個 ┐ 合わせてほぐす
卵黄　1個 ┘
薄力粉　250g　ふるう

1 バターを木ベラで混ぜてクリーム状にし、塩と粉糖を数回に分けて加えてはまわし混ぜる（→P14）。
＊最初にバターと砂糖を混ぜるのが特徴。

2 ほぐした全卵と卵黄を1に少しずつ入れてはまわし混ぜる。

3 薄力粉を1度に入れ、大きく混ぜてなじませる。

4 ボロボロした塊ができたら台上にとり出し、カードなどでまとめる。
＊バターが溶けるので手でさわりすぎないように作業する。

5 ビニール袋などに入れて平らにのばし、冷蔵庫に入れて1時間以上休ませてからのばす。
＊バターが柔らかくなるとのばしにくいので、いったん冷やす。

パート・ブリゼ
Pâte brisée
——粉とバターを先に混ぜるホロホロした食感の塩味生地

ブリゼは「壊れた」という意味。独特のホロホロした食感は
最初に粉とバターを混ぜておくことでできる
甘味がないのでキッシュなど塩味のものにも使える

分量　でき上がり450g（直径20cmのタルト型２台分）
薄力粉　250g　冷やしておき、ふるう
無塩バター　125g　冷蔵庫から出したてのもの
卵黄　1個
塩　2.5g
水　60cc

準備
材料はすべて冷やしておく。

1
薄力粉を台上にあけ、冷蔵庫から出したての固いバターをのせてスケッパーで切り分けていく。

2
１cm角くらいの大きさになったら、スケッパーを両手に持ち、粉をまぶしながら小豆大になるまでバターを刻んでいく。
＊バターを溶かさないで粉と混ぜることに意味がある。

3
2を両手を使ってすり合わせ、バターの粒をさらに細かくしていく。白かった粉が黄色っぽくなる。サラサラの砂状になればよい。

4
3を集めて円形にし、中央をあけて泉状にする。中央にほぐした卵黄、塩、水を入れて周囲の粉をくずしながら手で混ぜ合わせていく。

5
水分が粉となじんできたら、カードを使って刻んでは中央に折りたたむようにまとめる。
＊グルテン（→P28）ができて食感が固くなるので、決して練らないこと。

6
カードで切りこむようにして全体を均一に混ぜる。ひと塊にしてビニール袋に入れて平らに整え、冷蔵庫で１時間以上休ませてからのばす。
＊ここまでは手早く作業すること。

パート・ブリゼを
フードプロセッサーでつくる

薄力粉と約2cm角にカットした冷たいバターをフードプロセッサーにかけ、バターが細かくカットされたら（写真a〜b）、卵黄、塩、水を合わせて冷やしたものを加える。数秒ずつこまめにスイッチを切りながらまわし、ひとまとめになったらでき上がり。

a　　　　　　　　　　b

冷凍保存できる

練りこみ生地は冷凍保存できる。そのまま空焼きしたり、クリームを詰めて焼けるので、型に敷きこんでから冷凍すると便利。

ポイント

バターを混ぜる順序と食感

小麦粉のタンパク質と水分が結合すると網目状組織のグルテンができる（→P28）。これが生地の粘りと弾力を生み出す。バターなどの油脂はこのグルテンの形成を妨げる。シュクレ、ブリゼとも油脂であるバターを最初に混ぜるので、グルテンができにくいために生地のつながりが弱くなり、サクサク、ホロホロした食感になるのだ。
またグルテンは、こねることで組織が形成され、粘弾性も増す。ゆえにこれらの生地では、こねないように混ぜ合わせることが肝心になる。さらにブリゼでは、材料を冷やしておくことで、グルテンの形成を抑えている。

生地を休ませる理由

冷蔵庫で生地を休ませてから型に敷きこむのは、グルテンの弾力をゆるめるためと、生地中のバターを固めるため。

失敗例──練りこみ生地

Q1
生地が柔らかくなってうまくのばせない。

A1
生地が温まってバターが溶け出しているから。

常温に出して手でさわって作業するので、生地の温度が上がってバターが溶けやすくなるのは当然。手早く作業を進めることが肝心だ。可能なかぎりなるべく手でさわらないようにし、作業台も冷やしておくとよい。氷水を入れたバットを事前に置いて冷やせば、マーブル台でなくてもかなり冷える。もしも作業中に生地が柔らかくなってきたら、すぐに冷蔵庫に入れること。

Q2
焼きムラができてしまった。

A2
オーヴンの問題。あるいはのばし方が均一でないため。

オーヴンによっては中心部だけ火が強かったり、上火と下火のバランスが悪かったりする。自分のオーヴンのクセを知って、こまめに火力を調節したり、途中で型の位置をずらすなどの工夫を。また生地の厚さが均一でないと、火の通りも一定にならない。生地を均一にのばすのは慣れないとむずかしいが、生地をまわしながらまんべんなく麺棒を転がすこと（→P25）。

生地を敷きこむ——フォンサージュ Fonçage

敷きこみの基本はどの型も同じ
型底の角をしっかりつくることと
生地を型に密着させることにある

タルトリングに敷きこむ
——底のない型

1 打ち粉をして生地をまわしながら麺棒で丸くのばす（コツは→P25）。用途によるが厚さは2〜3mm、型よりひとまわり大きめにのばす。

2 必要に応じてピケする。写真のピケローラーがなければフォークなどで穴をあける。
＊ピケは、焼いたときに生地が浮かないようにするための空気穴。敷きこんでからピケしてもよい。

3 のばした生地を麺棒に巻きつけて型にゆったりとかぶせる。
＊下に丸鉄板があると回転させながら敷きこみやすい。台の上に直接置く場合は打ち粉をして作業する。

4 両手で型を持ち上げて親指で生地を型の下に押すようにして底の角をつくっていく。
＊こうすると、きっちりと角ができる。

5 4と連動して型を持ち上げたまま側面に生地を軽く押して沿わせていく。型をまわしながら作業し、全体に敷きこむ。

6 生地端をたるませるように置き、麺棒を転がして余分な生地をカットする。生地を両手の指で側面に押しながらまわして密着させていく。冷蔵庫で30分以上休ませてから使う。

タルト型に敷きこむ
——底のある型

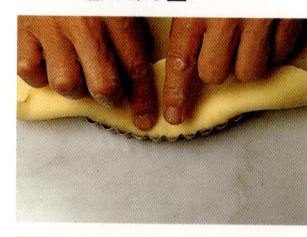

1 タルトリングの場合の1〜3（→左）と同様に生地をのばして型にゆるめにかぶせる。生地を内側に倒して角をつくっていく。

2 生地をいったん内側に倒すことで角の位置が決まるのが見てわかる。
＊角をしっかりつくることが大切。

3 型をまわしながら側面を指で押して生地をしっかり沿わせていく。

4 麺棒を転がして余分な生地をカットする。

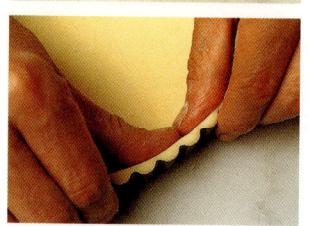

5 指でもう1度押して生地をしっかり側面に密着させていく。冷蔵庫で30分以上休ませてから使う。
＊周囲がギザギザの型は、溝にしっかり生地を密着させる。

＊小さなタルトレット型の場合は、生地を大きくのばし、型よりもひとまわり大きい抜き型で抜いて敷きこむ。ゆるめに生地を型に入れ、型をまわしながら親指で押して側面と底の角に密着させるようにする。必要ならば冷蔵庫で固めてから、はみ出た生地を切りとる。

小さな型に敷きこむ
——プティ・フール型や小さな型にまとめて敷きこむ場合

1 のばした生地を麺棒に巻きつける。生地幅に合わせて間隔をあけて置いた型の上にゆったりと生地をかぶせていく。

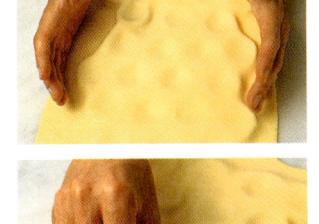

2 生地の上から型を寄せて生地をたるませる。

3 余った生地端を丸め、打ち粉をつけてやさしく型に押し入れながら1つずつ生地を型に沿わせていく。
＊強く押すと生地が切れるので注意。

4 麺棒2本を転がして余分な生地をカットする。
＊2本使うとガタつかずに転がせる。

5 1つずつ生地を指で押して密着させる。冷蔵庫で30分以上休ませてから使う。

空焼きする

1 周囲に切りこみを入れた紙をタルト生地の上に敷いて沿わせ、重石をすり切りいっぱいのせる。所定の温度で焼きはじめる。

2 側面に焼き色がついたらとり出して紙と重石をのぞき、オーヴンにもどしてさらに焼く。
＊重石は浮きを抑える役割。途中でのぞいて底にも火をしっかり入れる。

失敗例——敷きこみ

Q1 焼く前は均一だったのに、焼いたら側面の厚さが不均一で縁もガタガタになったのはなぜ？

A1 角をしっかりつくらなかったから。

生地の底角をしっかり固定して敷きこまないと、焼いている間に側面の生地が落ちて厚さが不均一になり、そったりする。これによって縁も落ちこみがちになる。角をしっかりつくること、固定させることが肝心なのはこの理由から。

タルトリングの場合。左がきちんと敷きこんだもの。右は角を固定していなかったもの。

タルト型の場合。左がきちんと敷きこんだもの。右は角を固定していなかったもの。

Q2 生地を空焼きしたら、底が持ち上がってしまった。

A2 きちんと重石をしていなかったため。

練りこみ生地を焼くと、粉のグルテンの働きや水分の蒸発によってどうしても生地が縮む。重石はこれらをセーブするために入れるのである。またきちんとピケしていないと、型と生地の間の空気が熱で膨張して生地を持ち上げてしまう。

応用菓子

フルーツのタルト
Tarte aux fruits

パート・シュクレにクレーム・フランジパンヌを入れて焼き
フルーツを盛り合わせた定番のタルト

分量　直径20cmのタルトリング1台分
パート・シュクレ（→P51）基本分量の1/2
クレーム・フランジパンヌ（→P78）
　カスタードクリーム（→P70）　100g
　アーモンドクリーム（→P78）　150g
　ラム酒　20cc
カスタードクリーム（→P70）　100g
フルーツ　適量
　巨峰、マスカット、マンゴー、イチゴ、フランボワーズ、キウイ、
　グロゼイユ（赤スグリ）、バナナなど
＊大きさによって半割などにカットする。フルーツは彩りがよけれ
　ばほかのものでもよい。
ミントの葉　適量
ナパージュ（市販）　適量

1　パート・シュクレを型に敷きこんでピケし、クレーム・フ
ランジパンヌを入れてパレットなどで均して200℃のオーヴン
で約25分焼く。型からはずして冷ましておく。
＊焼成途中にパート・シュクレの生地底が持ち上がることがあ
るが、その場合は竹串を刺して空気を抜くとよい。
2　カスタードクリームを太めの丸口金で押しつぶすようにう
ず巻状に全体に絞る（写真a）。
＊カスタードクリームはフルーツの接着剤の役目も果たす。
3　フルーツを彩りよく2の上にのせていく。
4　フルーツの上に水少量（分量外）を加えて煮つめたナパージ
ュをハケで塗ってつやを出し、ミントの葉を飾る。

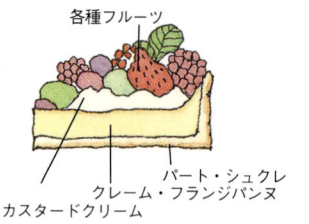

各種フルーツ
パート・シュクレ
クレーム・フランジパンヌ
カスタードクリーム

a

アマンディーヌ
Amandine

たっぷりのアーモンドクリームを
小さな型に仕込んだ焼き菓子
アプリコットジャムが味のアクセント

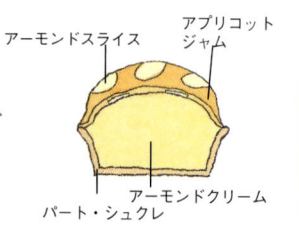

分量　直径6cmのタルトレット型20個分
＊直径10cmくらいの抜き型を用意する。
パート・シュクレ（→P51）基本分量
アーモンドクリーム（→P78）基本分量の2/3
アーモンドスライス　適量
アプリコットジャム　適量

アーモンドスライス
アプリコットジャム
パート・シュクレ
アーモンドクリーム

b　c

1　パート・シュクレを2mm厚さにのばす。生地を直径10cmくらいの抜
き型で20枚抜き、タルトレット型にゆるめにかぶせて指で側面と底の角
に密着させるように押して敷きこむ（→P54）。
＊ムラなく密着させないと、焼き上がりに凹凸が出るので注意。
2　アーモンドクリームを小さめの丸口金で8分めまで絞り入れる（写
真b）。
＊アーモンドクリームは焼くと膨らむので、入れすぎないようにする。
3　上にアーモンドスライスを散らし、180℃のオーヴンで25分ほど焼
く。ナイフなどを端に差し入れて型から生地を持ち上げてみて、底まで
焼き色がついていることを確認してオーヴンから出す。型からはずし、
冷ましておく。
4　鍋にアプリコットジャムを入れて少量の水（分量外）を加え、塗りや
すい固さになるまで煮つめる。これを熱いうちに3の表面にハケで塗っ
て（写真c）、つやをつける。
＊ジャムは熱いうちに塗ることで、冷めたとき、表面に膜を張るように
固まり、乾燥を防ぐ。

チェリーのキッシュ
Quiche aux cerises

空焼きしてからアパレイユとフルーツを入れていっしょに焼く
コクのある生地と酸味のあるチェリーでバランスがいい

分量　直径20cmのタルト型1台分
パート・ブリゼ（→P52）　基本分量の1/2
塗り卵（全卵1個＋塩1つまみ）　適量
アメリカンチェリー　40粒
アパレイユ
　┌ 全卵　2個
　│ グラニュー糖　50g
　│ アーモンドプードル　50g
　│ 牛乳　100cc
　│ 生クリーム　100g
　└ キルシュ　30cc
粉糖　適量

1　パート・ブリゼを3mm厚さにのばしてタルト型に敷きこみ（→P54。ピケはしない）、冷蔵庫で30分ほど休ませておく。
＊あとで入れるアパレイユがもれるのでピケはしない。
2　紙を敷いて重石をのせ、200℃で25分ほど空焼きする。焼けたら紙と重石をとり、塗り卵を内側にハケで塗る。さらに3～5分オーブンに入れて焼き、粗熱をとっておく。
＊塗り卵で皮膜をつくり、タルト生地がアパレイユの水分で柔らかくならないように防水する。
4　アパレイユの材料を順番に混ぜ合わせて裏漉しし、チェリーを一面に並べた型に流し入れる（写真a）。
5　190℃のオーブンで40分焼く。
＊パート・ブリゼは砂糖が入っていない（または少ない）ので焦げにくく、長時間火を入れなければならないアパレイユやクリームを入れるものに向く。
6　縁だけに粉糖をふって飾る。

a

リンゴのタルト
Tarte aux pommes

サクサク、ホロホロした生地に
リンゴの甘酸っぱさがよく合うタルト

分量　直径20cmのタルト型1台分
パート・ブリゼ（→P52）　基本分量の1/2
アーモンドクリーム（→P78）　基本分量の1/3
リンゴ　2 1/2個　3mm厚さのくし形にスライス
＊リンゴは紅玉など酸味があるものがのぞましい。
グラニュー糖　適量
無塩バター　適量
アプリコットジャム　適量

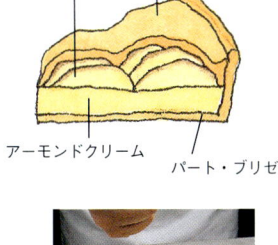

b

1　パート・ブリゼを型に敷きこみ（→P54）、冷蔵庫で30分ほど休ませておく。
2　アーモンドクリームを太めの丸口金でうず巻状に絞りこみ、スライスしたリンゴを切り口をずらしながら並べる。
3　上に砂糖を多めにふり（写真b）、小さくちぎったバター5～6個をところどころにのせて220℃のオーブンで約45分焼く。
4　焼けたら粗熱をとって型からはずす。冷めたら水少量（分量外）を加えて煮つめたアプリコットジャムをハケで塗ってつやを出す（→P56アマンディーヌ）。

折りこみ生地
パート・フィユテ
Pâte feuilletée

粉と水を混ぜた生地デトランプでバターを層状に折りこむ
生地とバターが同じ厚さでのびること
つまり同じ固さにそろえることがきれいな層をつくるコツ

分量　でき上がり約1200g
デトランプ
　薄力粉　250g ┐合わせてふるう
　強力粉　250g ┘
　無塩バター　70g
　冷水　250cc ┐混ぜ合わせておく
　塩　10g ┘
無塩バター（折りこみ用）380g

準備
材料はすべて冷やしておく。作業する台も冷やしておく。

1
ふるった小麦粉をボウルに入れ、冷蔵庫から出したてのバター70gを親指大にちぎって入れる。
＊デトランプにも油脂を混ぜるとのびがよくなる。

2
塩を混ぜた冷水を少量残して1に入れ、手でまわし混ぜて粉に水分をなじませる。足りないようなら残しておいた冷水を加える。

3
2を台上に出し、カードで切ってたたむようにしながら全体を混ぜ、1つにまとめていく。
＊グルテン（→P28）の弾力が出て作業しづらくなるので、こねすぎないこと。

4
丸くまとめたら、中まで均一に早く冷え、広げやすくするために中央に十字に切りこみを入れる。ビニール袋に入れて冷蔵庫で30〜40分休ませる。
＊弾力が増した生地は、休ませることでのばしやすくなる。

5
冷蔵庫から出したての折りこみ用バターに打ち粉をして、麺棒でまんべんなくたたいて約20cm角の正方形に整える。
＊デトランプと同じ固さになるように調節する。

6
デトランプをまず切りこみから外に向かって麺棒でのばしていき、約25cmの正方形にする（→P24円形→四角）。その上に5のバターを角をずらしてのせ、生地の四隅を中央にたたむ。

7 
中に空気が入らないように生地をひっぱりながら折りこみ、それぞれの合わせ目をつまんでとじていく。

8 
裏返して麺棒でタテ、ヨコに押していき、デトランプと折りこんだバターを密着させる。これに打ち粉をしてタテ長にのばす。

9 
まず中央から手前と奥に向かって麺棒を転がし、前後を入れ替えてさらにタテ長にのばす。
＊生地が台にくっつくと切れるので、打ち粉をして動かしながらのばす。

10  
25×75cmくらいの長方形になれば表面の余分な打ち粉をハケで払い、手前、奥を3分の1ずつ折って三つ折りにし、麺棒で両側を押さえて密着させる。

11 
生地を90度回転させて9〜10の要領でのばして三つ折りにする。
＊同じ方向でのばし続けると破れやすく、焼くと一定方向に縮みやすくなる。

12 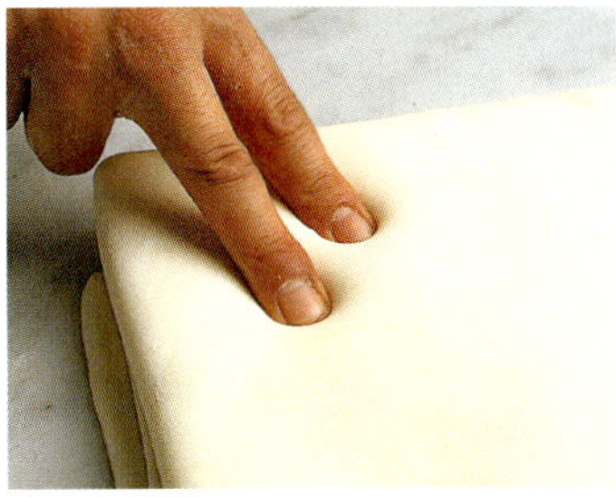
三つ折り2回で1セット。指で2回の印をつけ、ビニール袋に入れて冷蔵庫で30分ほど休ませる。9からの作業をくり返して三つ折りを3セット行なう（計6回折る）。冷蔵庫で30分以上休ませてから使う。

＊パート・フィユテはじょうずにつくれる最低分量がこのくらい。これを2分の1なり、4分の1なりにカットして冷凍しておくと、必要な分だけ解凍して使える。使うときは、前日から冷蔵庫に移して解凍すること。

フィユタージュ・ラピッド
Feuilletage rapide
——速成折りこみ生地

バターを包んで折りたたむのではなく
最初から粉と切り混ぜ、休ませずにのばせるので
ラピッド(速い)の名がある

分量　でき上がり約1150g
無塩バター　400g
薄力粉　250g ┐合わせてふるう
強力粉　250g ┘
冷水　250cc ┐混ぜ合わせておく
塩　8g ┘

準備
材料はすべて冷やしておく。作業する台も冷やしておく。

1 大きめのブロック状にカットしたバターを小麦粉の上に置き、カードなどで2〜3cm角の大きさになるまで刻んでいく。

2 1を泉状に形づくり、中央に塩を混ぜた冷水を入れる。

3 カードと手で水分と粉を混ぜ合わせていく。粉に水分が行きわたり全体が湿った状態になればよい。

4 まとめる。こねないこと。ボロボロした感じでよい。生地は休ませずにこのままのばす。

5 打ち粉をしながら20×60cmくらいのタテ長にのばす。
＊水と粉でつくる生地(デトランプ)はグルテン(→P28)ができるので休ませるが、グルテンの形成を邪魔するバターを刻みこんだだけのラピッドは、休ませる必要がない。

6 パート・フィユテ(→P59・9〜12)を参照して、同様に三つ折り2回を3セット(計6回折る)行なう。2セットめからは同様に休ませて(→P59・12)から折る。
＊この生地はパート・フィユテに比べて浮きが悪くなるので早く使い切ること。

失敗例──折りこみ生地

Q1
のばしている途中、生地が破れて
ベトベトしたバターが出てきてしまった。

A1
バターが柔らかくなった一方で、生地が固くなってのびなくなったため。

バターとこれを包む生地デトランプの固さが違うために起こった失敗。暑いところで作業していたり、生地を休ませずにのばしたりしていると、こうなりやすい。
生地が破れてしまうのは、極端に薄くなってしまったか、生地に弾力が出すぎてのびなくなったから。小麦粉中のグルテンは、練ったりのばしたりと外からの力が加わると一時的に固く縮んでのびなくなる。これを休ませると弾力が弱まる。だから1セットのばすごとにかならず冷蔵庫で休ませるわけである。バターを刻み混ぜるだけで折りはじめるフィユタージュ・ラピッドでも、最初は休ませなくてもいいが、2セットめから休ませるのは同じ理由。
また冷蔵庫に入れて休ませるのはバターを冷やすため。なお、生地がちょっと破れた程度ならば指でくっつけて補強し、しばらく冷蔵庫で休ませれば大丈夫。

Q2
生地の中でバターが切れてデコボコに。
全体が均一にのびない。

A2
バターが固すぎたため。

これも両者の固さの違いが原因。中のバターがカチカチの状態だとせっかく生地がのびてもうまくいかない。まず基本のつくり方にあるように、バターをたたきながら固さを調整すること。またデトランプでバターを包んだあと、上から麺棒で押さえて両者をなじませることも大切だ。

Q3
焼いてもあまり層ができないし、
浮きが悪いのはなぜ？

A3
バターが溶けたり、生地が破れたりしたため。

Q2のように生地の状態が悪いままでムリに折りこみ作業を続けていても、きれいな層はできない。これを焼いてもきちんと層状に浮き上がらないのは当然だ。
折りこみ生地を焼くと、生地の間のバターが溶け、熱によって蒸気が出る。その蒸気が1枚1枚折り重なった生地を持ち上げるので、独特の層ができて全体に浮き上がるのである。
ただし、焼く温度が低いとバターが溶けるのに時間がかかり、そのうちに層と層がくっついてしまう。そのため折りこみ生地は、とくに層が浮き上がる焼きはじめは高温で一気に焼くのである。
ちなみにフィユタージュ・ラピッドは折りこみ生地といっても構造が少し違う。同じように蒸気で浮き上がり、食感もほぼ同じだが、生地をつくってから時間がたつとバターの層がなじんでしまい、通常のパート・フィユテのように細かいきれいな層にはならない。

応用菓子
ミルフィーユ
Mille-feuille

滑らかなクリームとハラハラくずれるパイの組合せ
生地は焼く途中でアミをのせ、過剰に膨らむのを押さえる

分量　10×30cm 1台分
パート・フィユテ（→P58）　基本分量の1/4
＊つくって休ませておき、1/4にカットして使う。
カスタードクリーム（→P70）　基本分量
粉糖　適量

1　生地を30cm角にのばして冷蔵庫で30分ほど休ませ、天板にのせて全体にピケする（写真a）。
2　1を200℃のオーヴンで30分焼く。途中で生地が浮き上がってきたらアミをのせて重石にし（写真b）、さらに焼く。ナイフで刺してみて下まですっと入り、中心までしっかり焼き色がついているのを確認してとり出し、冷ましておく。
3　生地を3等分する。2枚の生地にカスタードクリームを大きめの丸口金で絞り出して重ね、クリームを絞っていない生地をのせて軽く押さえる。
4　好みで粉糖を上にふりかけて飾る。

パルミエ
Palmier

基本の生地に砂糖を入れただけの手軽なパイ
砂糖は打ち粉をするときよりもたっぷりと使う

分量　10cm大のもの20枚分
折りこみ生地（→P58、60）　基本分量の1/2
＊パート・フィユテ、フィユタージュ・ラピッドのどちらでもよい。三つ折り2セット（計4回折る）まで終えて冷蔵庫で休ませておく。
グラニュー糖　適量

1　休ませておいた折りこみ生地を出し、通常どおりに5回めの三つ折りをしたあと、打ち粉代わりにグラニュー糖をたっぷりふりながら6回めの三つ折りをし、冷蔵庫で30分ほど休ませておく。
2　さらにグラニュー糖をふりながら、20×60cmにのばしてヨコ長に置き、霧吹きで水を吹きつける。両端から中央へ10cm幅ずつ2回折りたたみ（写真c）、中央に少しあきができるようにする。最後に中央で折り重ねる（写真d）。
3　ヨコ長に置いて小口から1cm幅に切る。グラニュー糖をまぶし、天板に切り口を上にして並べる。
4　200℃のオーヴンで約25分焼く。途中色づいたら裏返し、形を整えながら焼く。

ピティヴィエ
Pithiviers

コクのあるクリームと香ばしいパイ生地を合わせた伝統菓子
側面をナイフで押さえるのは、均一に浮かせるため

分量　直径20cm 1台分
＊直径18cmと23cmのヴォロヴァン型かセルクルを用意する。
パート・フィユテ（→P58）　基本分量の1/2
＊つくって休ませておき、1/2にカットして使う。
アーモンドクリーム（→P78）　基本分量の1/2
塗り卵（全卵）　適量
粉糖　適量

1　生地をさらに2等分にして、それぞれ25cm角の正方形にのばす。
2　1枚を天板に置いて中央に直径18cmの円形に印をつけ、印内にアーモンドクリームを太めの丸口金でうず巻状に2段に絞り出し、ドーム状に形を整える。クリームの周囲の生地上を水につけたハケでぬらし、もう1枚の生地をずらしてかぶせる。
＊生地はのばした方向に縮む。ずらして重ねることで縮む方向もずれ、縮む力が分散してきれいな円形に焼き上がりやすくなる。
3　直径18cm型をのせ、クリームの周囲を指でしっかり押さえる（写真a）。
＊蓋のような形のヴォロヴァン型かセルクルをあてて周囲を指でよく押さえて生地を密着させる。写真はヴォロヴァン型を使用。
4　直径23cmのヴォロヴァン型かセルクルを上にかぶせ、型に沿ってナイフで余分な生地をカットする。上から指で押さえながら側面に指1本ほどの間隔ずつペティナイフの背で斜めに押さえていく。
＊上下の生地をいっしょに押さえることで生地が密着し、均一に浮き上がる。
5　塗り卵をハケで2度塗り（やや乾いたら次を塗る）、ペティナイフの先で表面だけを傷つける感覚で筋状に模様を入れる（写真b）。
6　ナイフで数ヵ所にピケし、200℃で約1時間焼き、きれいな焼き色がついたらとり出して粉糖をたっぷりふる。さらに上火の強いオーヴンに5分ほど入れて粉糖をカラメリゼしてつやをつける。
＊折りこみ生地を焼くとき、最後に粉糖やシロップなどをかけてカラメリゼし、おいしそうな色、つやをつけて仕上げる（→P109）。

折りこみパイ
アーモンドクリーム

a
b

基本の生地●折りこみ生地　応用菓子――ピティヴィエ

シュー生地
パータ・シュー
Pâte à choux
——デンプンの粘りでキャベツのような形に焼き上がる生地

小麦粉のデンプンは熱と水分で糊化し、粘りが出る
焼くとその粘りで中の水蒸気が生地を押して膨らむ
また小麦粉のグルテンと卵が焼き上がりの形を支える

分量　直径6cmのシュー20個分
水　200cc
塩　2g
無塩バター　90g　常温にもどしておく
薄力粉　120g　ふるう
全卵　4個　溶いておく

1
鍋に水、塩、カットしたバターを入れて火にかけ、バターを溶かして沸騰させる。
＊溶けるのに時間がかかると水分が蒸発しすぎるので、バターは常温にもどし、カットして溶けやすくする。

2
沸騰したらいったん火からおろし、薄力粉を一気に加えて粉が見えなくなるまで混ぜる。
＊火にかけたまま加え混ぜると熱でダマになりやすい。

3
粉気がなくなったところでふたたび火にかける。中火にして木ベラで混ぜ続けながら加熱していく。
＊完全に火を通して小麦粉のデンプンを糊化させる。

4
鍋底に薄い膜が張ったようになったら火からおろす。

5
すぐにボウルに移し、卵を数回に分けて加えては混ぜていく。モロモロしなくなって滑らかになれば次を入れるようにする。卵を4分の3ほど入れたらつやが出るまでよく混ぜ、固さを見る。

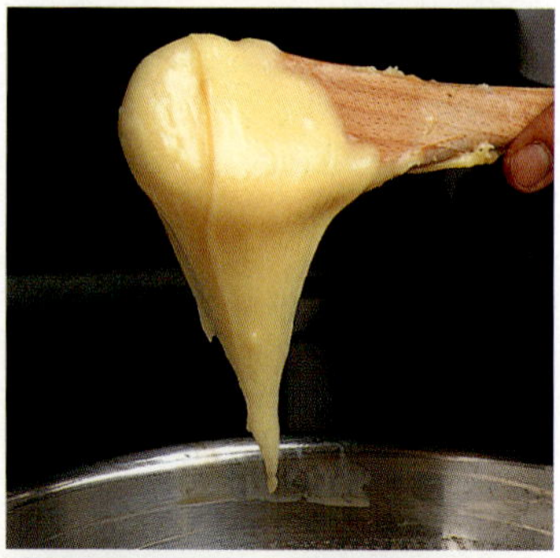

6
すくって落とすと、逆三角形にヘラに生地が残るのがいい状態。ぼたっと一気に落ちるのはまだ固いので卵をさらに加える。スーッと流れ落ちるのは入れすぎ。
＊柔らかくなりすぎた生地は修復できないので、入れすぎに注意する。

7
薄くバター（分量外）を塗った天板に、口径11mmの丸口金で生地を直径5cmほどの円形に間隔をあけて絞り出す（→P19〜20）。霧を吹き、200℃のオーヴンで約35分焼く。

塗り卵で表情をつける

絞った生地に塗り卵(全卵)を塗って焼くと焼き色が濃くなってつやも出る。左頁右上のでき上がりの写真では、下3つが塗り卵を塗って焼いたもの。

筋目をつける
塗り卵を塗ったあとにフォークなどで筋目を入れて焼くと、膨らみが均一になって形が整う。また、フォンダンなどもかけやすくなる(→P68)。

ポイント
生地の固さはこう確認する

シュー生地では小麦粉のグルテン(→P28)は弾力がありすぎて邪魔になる。グルテンの形成を妨げる油脂(バター)を最初から加えるのはこのため。デンプンが水と熱によって糊状になる(糊化)作用を利用して独特の粘りをつくり出すのがこの生地の特徴で、粘り=固さの見極めが大切だ。

一番基本的なのはすくったあとの落ちる固さを見ること。生地がゆっくり落ちて木ベラに逆三角形に残るのがベスト。もう1つは指で一文字を描く方法で、跡が指の動きを追いかけるように閉じていく固さがいい。

ただし、固さを見る前の混ぜ具合や、生地の温度でも固さが違ってくる。均一になるまでよく混ぜ、また手早く混ぜて生地が冷めないうちにチェックすること。

ヘラで確認 
逆三角形がベスト
ぽたっとしてなかなか落ちないのは固すぎ。逆にさらさら落ちるのは柔らかすぎ。

指で確認 
指を追いかけるようにすぐに跡がとじていくのがよい。 
くっきり残ったままでは固すぎ。指が埋もれて線が描けないのは柔らかすぎ。

よいシューとは

上に向かって十分に膨らみ、上面にきれいな割れ目が入っているものがいい。また割れ目自体にも焼き色がしっかりついていて、割ると大きく空洞ができている。

（写真右から）よいシュー／つぶれてしまった／キノコの傘状／山形の膨らみ／きれいに割れない

失敗例──パータ・シュー

Q1
上がきれいに割れず、まんじゅうのようになった。

A1
水とバターを完全に沸騰させていなかったため。

小麦粉のデンプンはしっかり火が通ってはじめて糊化する。糊化することで生地に粘りが出て、焼いたときに生地がのびて膨らむ。ところが、水とバターが沸騰し切らないうちに小麦粉を加えてしまうと、粉がまんべんなく加熱されないので糊化し切らず、生地の粘りも生まれない。粘りがないから、焼いたときに中で発生する水蒸気の力に耐えられず、うまく膨らまないで割れ目もできない。割れ目は、膨らむことで生地がのびて薄くなった部分。

Q2
裾広がりの山形になってしまった。

A2
生地が柔らかすぎたため。または卵を入れすぎたから。

生地が柔らかいと、だれてヨコに広がりがち。タテにのびる力が弱い。
また固さが適切でも、生地中に卵が多いとこうなりやすい。これは最初に塩水とバターを弱火で長時間加熱した場合に起こりやすい。水分が飛んで、その分固さを調節するために卵の比率が増えるからだ。口あたりもモナカのような食感になる。

Q3
上が割れず、キノコの傘のような形になってしまった。

A3
絞ってからすぐに焼かなかったから。あるいは、上火が強かったため。

シューは絞り出してから焼くまでに時間をおくと、表面が乾燥して膜を張ってしまう。これを焼いてもそのまま焼き色がつくだけで、中から押してくる水蒸気は膜を割って出ていくことができない。それで割れ目もできないのである。

Q4
オーヴンから出したらしぼんでしまった。

A4
途中でオーヴンをあけたか、焼き方が不十分だったから。

焼け切らないうちにオーヴンをあけると、せっかく膨らみかけた生地も冷気によってしぼんでしまう。またかなり焼いて外見は焼き色がついた状態でも、内部は完全に火が入っていないことが多い。この状態でとり出しても同じことが起こる。割れ目にまでしっかりと焼き色がつくまでじっくり焼くこと。

応用菓子

シュークリーム
Chou à la crème

おなじみのカスタードクリームを
たっぷり詰めた日本の定番

分量　20個分
パータ・シュー（→P64）　基本分量
カスタードクリーム（→P70）　基本分量
グランマルニエ　30cc
粉糖　適量

1　基本どおりにシュー生地をつくり（→P64）、薄くバター（分量外）を塗った天板に、口径11mmの丸口金で直径5cmの円形に20個絞って焼く（→P64）。焼けたらアミの上で冷ましておく。
2　カスタードクリームにグランマルニエを入れてよく混ぜる。
3　1の生地にそれぞれナイフで切りこみを入れ、口径11mmくらいの丸口金でクリームを絞り入れ（写真a）、粉糖を表面に軽くふる。

びっくりシュー
Chou en surprise

折りこみパイの中からシューとクリームがのぞく
アーティチョークに似た形のお菓子

分量　10個分
パータ・シュー（→P64）　基本分量の1/2
折りこみ生地（→P58、60）　基本分量の1/4
＊折りこみ生地はパート・フィユテ、
　フィユタージュ・ラピッドのどちらでもよい。
クレーム・ディプロマット（→P71）
　カスタードクリーム　400g
　生クリーム　200g
アプリコットジャム　適量
フォンダン（市販、または→P138）　適量
ピスタチオ　適量　細かく刻む

1　パータ・シューをつくる（→P64・1～6）。
2　2mm厚さにのばして10cm角に切った折りこみ生地を天板に並べ、中央に1を口径11mmの丸口金で直径5cmの円形に絞る。
3　四隅を中央にたたみ（写真b）、200℃のオーヴンで30～40分焼き、アミの上で冷ます。
4　ペティナイフなどで脇に小さな穴をあけ、小さめの丸口金でクレーム・ディプロマットを絞り入れる。
5　少量の水（分量外）を加えて煮つめたアプリコットジャムをハケで塗る。
6　ジャムが冷めて固まったら、柔らかめにもどしたフォンダン（→P111）を塗り、ピスタチオを飾る。

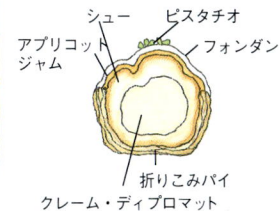

シュー　ピスタチオ
アプリコットジャム　フォンダン
折りこみパイ
クレーム・ディプロマット

基本のシューの形を変えた
楽しいバリエーション

エクレア

シーニュ

エクレア
Eclair

分量　約14本分
パータ・シュー(→P64)　基本分量
塗り卵(全卵)　適量
2種のクリーム
　┌ カスタードクリーム(→P70)　基本分量の1.5倍
　├ コーヒー液　インスタントコーヒー10g＋湯10cc
　└ カカオマス(→P129)　20g　刻んで湯煎で溶かしておく
2種のフォンダン
　┌ フォンダン(市販、または→P138)　約200g
　├ コーヒー液　適量
　└ カカオマス　適量　刻んで湯煎で溶かしておく

1　パータ・シューをつくり(→P64・1〜6)、薄くバター(分量外)を塗った天板に、口径11mmの丸口金で長さ12cmの棒状に14本絞り出す。
2　塗り卵をハケで塗り、フォークで表面に筋を入れる(写真a)。基本のシューと同様に焼き、アミの上で冷ましておく。
3　カスタードクリームを2等分し、片方には濃いめにつくったコーヒー液を、他方には溶かしたカカオマスを加えて混ぜ、コーヒー風味とチョコレート風味のクリームをつくる。
4　2の生地の端に穴をあけ、小さな丸口金でそれぞれのクリームを7本ずつに絞り入れる。
5　フォンダンをもどして2等分し、半量ずつにそれぞれクリーム用と同様につくったコーヒー液と溶かしたカカオマスを加え混ぜる。
6　クリームと同じ風味のフォンダンをそれぞれにかける(写真b)。以上→P110〜111)。

シーニュ
Cygne

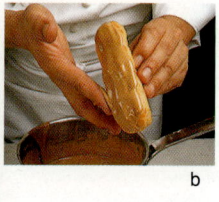

分量　15羽分
パータ・シュー(→P64)　基本分量
カスタードクリーム(→P70)　基本分量の1/2
キルシュ　15cc
クレーム・シャンティー
　┌ 生クリーム　300g
　└ 粉糖　24g
＊直前に泡立ててつくる(→P75)。
粉糖　適量

1　パータ・シューをつくり(→P64・1〜6)、薄くバター(分量外)を塗った別々の天板に、胴体は口径11mmの丸口金で直径5cmのしずく形に、首は紙のコルネで細長い数字の「2」の形に絞り出す。
2　霧を吹いて胴体は基本どおりに、首は160℃で軽く色づくまで焼く。焼けたら冷ましておく。
3　カスタードクリームにはキルシュを加えてよく混ぜておく。
4　胴体は上下に2等分し、さらに上をタテ半分にカットする。下の生地に口径11mmの丸口金でカスタードクリームを、その上に星口金でクレーム・シャンティーを絞る。
5　首の生地をクリームに刺しこみ(写真c)、胴体の上の生地を羽の形になるようにのせ、粉糖を軽くふって飾る。

a

b

c

基本のクリーム

カスタードクリーム
Crème pâtissière

一番よく使われるその名も「お菓子屋さんのクリーム」
バタークリームや生クリーム、アーモンドクリームなどと
組み合わせて応用クリームとしても活躍する

分量　でき上がり約650g
バニラスティック　½本
牛乳　500cc
卵黄　6個
グラニュー糖　150g
薄力粉　50g　ふるう

1
バニラのさやをペティナイフで裂いて種をとり出し、さやごと牛乳に入れて火にかける。

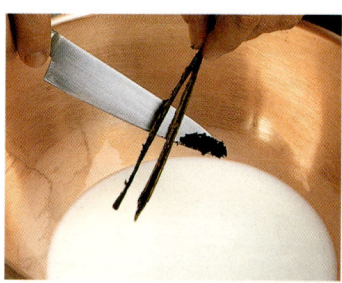

2
卵黄と砂糖は白っぽくなるまで泡立て器でしっかりとすり混ぜてから、小麦粉を加えてよくまわし混ぜる。
＊卵黄と砂糖の気泡がクッションとなり、熱い牛乳を加えても凝固しにくい。

3
沸騰直前（鍋縁がフツフツと泡立ってくる状態）の1の牛乳を2に少量ずつ加えながらまわし混ぜ、溶きのばしていく。牛乳の鍋に漉しながらもどし、中火にかける。

4
焦げないように鍋底をこそげるように絶えず混ぜながら加熱する。泡がフツフツと出はじめたら完成間近。さらにしばらく混ぜながら加熱する。
＊あれば熱伝導のいい銅ボウルを使うと焦げにくい。

5
泡立て器で持ち上げてみてサーッと落ちればでき上がり。粉にまで火が入っている状態。すぐにバットに薄く広げる。
＊小麦粉にもしっかり火を入れることがポイント。

6
ラップを密着させて氷上で急冷する。冷えたら冷蔵する。
＊ラップで空気を遮断して菌の繁殖を防ぎ、かつ表面に皮膜ができないようにする。

7
冷えたものをめくってペロンとはがれるようならOK。ベタつくようならば、炊き足りなかったために離水している証拠。
＊このクリームは菌が繁殖しやすいので素早く冷まし、その日のうちに使い切る。

応用菓子　ミルフィーユ（→P62）、シュークリーム（→P67）、エクレア、シーニュ（→P68）、フィグ（→P145）

カスタードクリームを使ったもの

クレーム・ディプロマット
Crème diplomate
——カスタードクリーム＋泡立てた生クリーム

カスタードクリームを軽くしたいとき
またホイップクリームに粘度をプラスしたいときに

配合
カスタードクリーム（→P70）
生クリーム
＊生クリームはカスタードクリームの1/2量〜同量で、分量はそれぞれの応用菓子に表記。

1
カスタードクリームを柔らかくなるまで木ベラでまわし混ぜてもどし、角がピンと立つまでしっかり泡立てた生クリームを少量ずつ加える。

2
生クリームを加えては切るように混ぜる（→P14）。
＊コシがなくなるので混ぜすぎは禁物。

3
滑らかになるように混ぜ合わせる。

応用菓子
びっくりシュー（→P67）
＊シュークリームにもよく使われる。

クレーム・ムースリーヌ
Crème mousseline
——カスタードクリーム＋バター（またはバタークリーム）

バタークリームに粘着性をプラスする
またはカスタードクリームに防水性を持たせ
フルーツと組み合わせる

配合
カスタードクリーム（→P70）
無塩バター　常温で柔らかくもどしておく。
＊バターはカスタードクリームの1/2〜2/3量で、分量はそれぞれの応用菓子に表記。

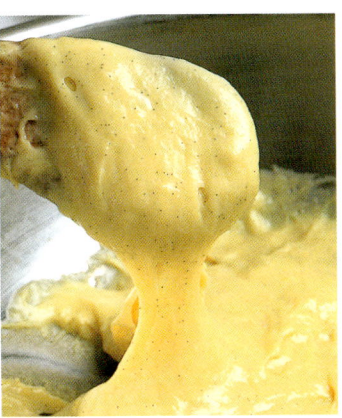

1
カスタードクリームを木ベラでまわし混ぜて、柔らかくする。

2
バターを白っぽいクリーム状になるまでよく混ぜ（→P81・2）、1に2〜3回に分けて加え、まわし混ぜる。

3
滑らかになればでき上がり。
＊バターそのものではなく、バタークリームをカスタードクリームに加え混ぜたものもクレーム・ムースリーヌ（→P145ポンム）と呼ぶ。

応用菓子　フレジエ（→P35）、ドボストルテ（→P87）、ポンム（→P145）

カスタードクリームを使ったもの

シブーストクリーム
Crème chiboust
―― カスタードクリーム＋イタリアン・メレンゲ

19世紀にパリの菓子職人シブーストが考案した
サントノレに使われるクリーム

＊クレーム・サントノレ Crème Saint-honoré ともいう。

分量　直径20cmサントノレ2台分
イタリアン・メレンゲ
　┌ グラニュー糖　150g
　│ └ 水　50cc
　└ 卵白　150g
カスタードクリーム
　┌ バニラスティック　1本
　│ 牛乳　500cc
　│ 卵黄　5個
　│ グラニュー糖　35g
　└ 薄力粉　50g　ふるう
板ゼラチン　15g　もどしておく

1
イタリアン・メレンゲを2のカスタードクリームの仕上がりに合わせてつくる（→P77）。ただし完全に冷まさず、さわれる程度の熱さまでにとどめる。
＊2で混ぜるカスタードクリームに温度を合わせる。

2
カスタードクリームをつくり（→P70）、すぐに水でもどしたゼラチン（→P115）を加えて手早く混ぜる。
＊カスタードクリームは冷めると混ざりにくいので、できたてを使う。

3
イタリアン・メレンゲを3分の1量くらい加え、泡立て器でよく混ぜる。

4
残りのイタリアン・メレンゲを2回くらいに分けて加え、そのつど切るようにさっくり混ぜる（→P14）。
＊両方が熱いうちに混ぜ切ること。

応用菓子
タルト・シブースト
Tarte chiboust

フィユタージュ生地のリンゴのタルトに
シブーストクリームを重ねた定番菓子

分量　直径18cmのタルトリング2台分
＊型2個と60×5～6cmの厚手のフィルム、または型を4個用意する。
パート・フィユテ(→P58)の2番生地　500g
＊1度使った残り生地をまとめたものでロニュールと呼ばれる。パート・ブリゼと同様に使う。
リンゴのカラメリゼ
　┌ リンゴ　3個　8つ割のくし形に切る
　│　＊リンゴは紅玉など酸味があるものがのぞましい。
　│ 無塩バター　40g
　└ グラニュー糖　40g
アパレイユ
　┌ 全卵　2個
　│ グラニュー糖　30g
　│ カルヴァドス　60cc
　└ 生クリーム　300g
シブーストクリーム(→P72)　基本分量
粉糖　適量

1　十分に休ませておいた2番生地を2等分し、麺棒でそれぞれを1mm厚さで型よりひとまわり大きくのばしておく。
2　それぞれを型に敷きこみ、余分な生地を落とす(→P54)。側面部分を指で密着させるときに軽くつまみ上げて生地縁が型よりも少し出るようにして、冷蔵庫で1時間休ませる。重石をして180℃のオーブンで約20分空焼きし(→P55)、冷ましておく。
＊2番生地は焼き縮みが激しいので、これを計算して側面は型よりもやや高めにする。
3　リンゴのカラメリゼをつくる。フライパンを中火よりやや強めの火にかけてバターを溶かし、砂糖をふり広げる。砂糖が薄茶色になればリンゴを重ならないように入れ、リンゴの表面全体がカラメル色になるまでソテーしてトレイなどにあけ、冷ましておく。
＊リンゴは均一に火が入るように、重ならないようにフライパンに入れる。
4　アパレイユをつくる。卵をほぐして砂糖を加えて泡立て器でよく混ぜる。砂糖が溶けたらカルヴァドス、生クリームを入れて、そのつど軽く混ぜる。漉しておく。
5　空焼きした生地にカラメリゼしたリンゴを放射状に並べ、アパレイユを流し、180℃で30～40分焼く。完全に冷ます。
6　シブーストクリームをつくる(→P72)。
7　5の型をはずし、厚手のフィルムを巻いてテープなどでとめる。シブーストクリームを詰めて均す。冷蔵庫に入れて冷やし固める。
＊フィルムがなければ型をはずさず、上にもう1段ずつ同じ型を重ねてクリームを詰める。冷凍庫で固めてもよい。
8　フィルムをはずし、粉糖をふって焼きゴテをあててカラメリゼして飾る(→P112)。
＊型を重ねた場合は型の周囲をバーナーで温めてはずす(→P115)。

サントノレ
Saint-honoré

パイ生地とシュー生地を組み合わせた
パリ発祥のお菓子

分量　直径20cm 2台分
パート・ブリゼ（→P52）　300g
パータ・シュー
　水　125cc
　牛乳　125cc
　塩　2.5g
　無塩バター　110g　常温にもどしておく
　薄力粉　150g　ふるう
　全卵　4個　溶いておく
塗り卵（全卵）　適量
シブーストクリーム（→P72）　基本分量
カラメル
　水飴　80g
　グラニュー糖　250g
　水　80cc
クレーム・シャンティー
　生クリーム　300g
　粉糖　24g

1　パート・ブリゼを2mm厚さにのばしてフォークなどでつついてピケし（穴をあけ）、直径21cmに切り抜く。
2　パータ・シューをつくる（→P64・1～6）。ただし、牛乳は水と合わせて使う。
3　1に、縁を5mmほどあけてパータ・シューを口径12mmの丸口金でぐるりと1周絞る。次にその内側に中心に向かって押しつぶすようにやや間をあけてうず巻状に絞る。一番外側のパータ・シューだけに塗り卵をハケで塗り、天板にのせて200℃のオーブンで20～30分焼く。
4　別の天板にバター（分量外）を薄く塗り、残りのパータ・シューを口径9mmの丸口金で直径2cmの小さなシューに40個絞る。200℃のオーブンで20～30分焼き、冷ましておく。
5　シブーストクリームをつくる（→P72）。
6　3の生地の外周のパータ・シューの内側にできたてのシブーストクリームを詰め、パレットで外周の高さに均す。粗熱をとる。
7　カラメルをつくる。水飴、砂糖、水を鍋に入れてきれいな茶色になるまで煮つめ（→P79カラメルソース・1）、鍋底を水に浸けて余熱で煮つまるのを防ぐ。
8　4の小さなシューの底にペティナイフを刺して7の鍋に入れ、底をのぞいてカラメルをつけ、天板の縁にヨコに置いてナイフを抜く。すべてにカラメルをつけてそのままカラメルを固める。
＊天板の縁を利用してナイフを抜く（写真a）。途中でカラメルの温度が下がって固くなり作業しづらくなれば、色づけすぎないように温め直す。
9　固まったらシューを手で持ち、底にカラメルを少しつけて6の生地の外周に絞ったパータ・シューの上に貼りつけていく。
10　クレーム・シャンティーを絞れる固さにつくり（→P75）、9のシューの内側にサントノレの口金（→P18）で絞って飾る。

a

クレーム・シャンティー
Crème chantilly

パリ郊外にある真っ白なシャンティー城がその名の由来
ソフトな生地とマッチする柔らかいクリーム
ほかのクリームや素材を合わせて使うことも多い

分量　でき上がり約320g
生クリーム（ここでは乳脂肪分47％を使用）　300g
粉糖　24g
＊砂糖は生クリームの（重量の）8％。
　この比率は菓子やつくり手によって多少前後する。
　砂糖はなんでもよいが、
　溶けやすい粉糖はシャンティー向き。
　砂糖は最初に合わせる。

＊以下では「○分立て」と目安として書いたが、お菓子やつくり手によって固さは異なるので、ほかの頁では状態で示した。

5分立て
脂肪球がつながって気泡をとり囲むので（→P11）、脂肪が安定するように氷上で冷やしながら泡立てるのが基本。きめが細かくなり、トロッと流れるのが「5分立て」。シャンティー・ショコラなどに。

7分立て
ボリュームが出はじめ、下に落とすと跡が残るくらいが「7分立て」。バヴァロワなどに。絞る、塗るにはまだ早い状態。

8分立て
泡立て器ですくえるが、角が柔らかくてゆっくりと倒れるのが「8分立て」。ロールケーキ、ショートケーキなどのフィリングとして最適。生地の表面にも塗れる。

9分立て
角がしっかりピンと立ち、弾力ある状態が「9分立て」。絞りなど仕上げのデコレーション用として最適。泡立てすぎに注意（→右の失敗例）。

失敗例——クレーム・シャンティー

Q バサついてしまった!?

A 泡立てすぎたから。

生クリームは泡立ちやすさが特徴だが、泡立てすぎると脂肪球を必要以上に壊してしまい、脂肪分が分離して油っぽくもなる。氷水で冷やさずに泡立てるなど、脂肪球を不安定な状態において作業をしてもバサつきやすい。

応用菓子
ストロベリーショートケーキ（→P36）
フルーツのロールケーキ（→P39）
シーニュ（→P68）

シャンティー・ショコラ
Crème chantilly au chocolat

一番簡単にできるチョコレートクリーム
ガナッシュなどと比べて軽い仕上がり

分量　でき上がり約650g
生クリーム　400g　5〜6分立てに泡立てる(→P75)
チョコレート　250g　刻んで湯煎で溶かして45℃に調整する

1
トロッと流れる程度に泡立てた生クリームを別のボウルに移し、45℃に溶かしたチョコレートを入れる。
＊冷やしながら泡立てた生クリームにチョコレートを入れるとしまりやすいので、別のボウルに移して混ぜる。

2
チョコレートは一気に加え、一気にまわし混ぜる。
＊少しずつ加えるとムラもできるし、チョコレートの温度も下がって固まりやすい。

3
つやが出て、滑らかになればでき上がり。

応用菓子　ショコラティーヌ(→P36)

失敗例──シャンティー・ショコラ

Q チョコレートがチップ状になってしまった。

A 生クリームとチョコレートが適切な温度ではなかったから。

チョコレートは冷えると急激に固まる特性がある。混ぜ切る前にチョコレートが冷えると、チップ状に固まる。チョコレートに生クリームを一部混ぜてから合わせる手法も考えられるが、気泡がつぶれるのが難。チョコレートを適温に温め、一気に混ぜること。

パータ・ボンブ
Pâte à bombe

卵黄に熱いシロップを加えて泡立てたもので
バタークリームや、チョコレートムースのベースとなる
こってりしたコク、濃厚な味を生かしたいときに

分量　でき上がり約280g
グラニュー糖　180g
　水　60cc
卵黄　6個

1
砂糖と水を強火にかけ、水でぬらしたハケで鍋の縁を拭いながら113〜115℃になるまで加熱する。衝撃を与えると結晶化するので、ゆすらないこと。
＊115℃のシロップは、スプーンですくって冷水に落とし、丸めて指にのせると、指に沿ってだれてくる状態(下の写真)。

2
1と同時に卵黄を高速のミキサーで泡立てはじめる。1のシロップが適温になったら、いったん中速に切り替えてシロップを少しずつ入れていく。入れ切ったら高速にもどす。

3
ボウルの底が人肌になるまで撹拌する。白っぽくもったりして、すくうとダラリとたれる状態。
＊熱いシロップで卵黄に熱を入れる作業。

＊パータ・ボンブには湯煎で火を通す方法もある(→P118・1〜3)。

応用菓子　ビュッシュ・ド・ノエル(→P37)

イタリアン・メレンゲ
Meringue italienne

卵白を熱いシロップで火を入れながら泡立てたもの
バタークリームやムースに混ぜこんで
食感や味わいを軽くするのに役立つ

分量　でき上がり約250g
グラニュー糖　180g
└水　60cc
卵白　90g

1
砂糖と水をパータ・ボンブの1（→左頁）の要領で加熱して、118〜120℃にする。
＊118〜120℃のシロップは、スプーンですくって冷水に落として丸めると、指にのせられる状態。

2
シロップが沸騰しはじめたら卵白を中速のミキサーで泡立てはじめる。シロップが118〜120℃になったら、ミキサーをまわしたまま少しずつ加えていく。全量入れたら高速にする。

3
ボウルの底が人肌に冷めるまで攪拌する。パタパタと音がしてきたら気泡がよく混ざった印。

4
でき上がりは、きめ細かくつやがある。

応用菓子
オペラ（→P42）
ムース（→P116〜117）

失敗例——イタリアン・メレンゲ

Q
シロップが固まってしまったのはなぜ？

A
シロップを一気に入れたから。

高温のシロップに対してメレンゲは常温。一気に合わせると、シロップが冷えて固まってしまう部分が出てくる。温度差があるものや水と油の関係にあるものは、少しずつ混ぜていくのが鉄則だ。またシロップを煮つめすぎても、シロップの状態が変化して固まる。

アーモンドクリーム
Crème d'amandes

4つの材料はすべて同量。つくり方は混ぜるだけ
火を入れて使うクリームで、焼き菓子用
冷蔵すれば2〜3日は保存も可能

分量　でき上がり600g
無塩バター　150g　常温で柔らかくもどしておく
粉糖　150g
全卵　3個　常温にもどしておく
アーモンドプードル　150g

1 ボウルにバターを入れて泡立て器でまわし混ぜてクリーム状にし、混ざりやすいように粉糖を2〜3回に分けて加え、まわし混ぜる。

2 溶いた卵を2〜3回に分けて加え、そのつど同様によく混ぜる。
＊卵とバターは水と油の関係。少しずつ混ぜていく。もし分離してしまったら、アーモンドプードルを少量先に加え混ぜる。

3 アーモンドプードルを加え、同様に混ぜる。

4 混ざればよい。

応用菓子
アマンディーヌ(→P56)
リンゴのタルト(→P57)
ピティヴィエ(→P63)

アーモンドクリームを使ったもの
クレーム・フランジパンヌ
Crème frangipane
——アーモンドクリーム＋カスタードクリーム

アーモンドクリームに卵黄のコクをプラスした
焼き上がりがしっとりとして柔らかなクリーム
フルーツタルトの土台などに向く

配合
アーモンドクリーム(→左)
カスタードクリーム(→P70)
＊カスタードクリームはアーモンドクリームの½量〜同量。
　分量はそれぞれの応用菓子の頁に表記。

1 カスタードクリームを木ベラで柔らかくなるまで混ぜてもどし、アーモンドクリームを加えてよく混ぜる。

2 ラム酒を加え混ぜて風味を加えることが多い。加える場合はここで入れる。

3 アーモンドクリームよりもとろんと柔らかいでき上がり。カスタードクリームのまろやかな風味を加えた味わい。

応用菓子
フルーツのタルト(→P56)
エコセーズ(→P157)

アングレーズソース
Sauce anglaise

牛乳と卵黄でつくるバニラ風味のソース
そのままでデザートにかけるほか
バタークリームやムース、バヴァロワのベースに

分量　でき上がり約600g
バニラスティック　1本
牛乳　500cc
卵黄　6個
グラニュー糖　100g

1
カスタードクリームの1（→P70）の要領で、裂いたバニラと牛乳を火にかけ、その一方でボウルに卵黄と砂糖を入れて白っぽくなるまでまわし混ぜる（→P14）。

2
沸騰直前の1の牛乳の3分の1量を卵黄のボウルに注ぎ、すぐに泡立て器で混ぜて牛乳の鍋にもどす。
＊よく混ぜるために一部を先に合わせる。

応用菓子
洋ナシのシャルロット（→P38）

3
中火にかけて温度計を差し、卵が固まらないように底をこそげるように絶えず混ぜながら煮つめてとろみをつけていく。写真は煮つめる前の状態。木ベラにとっても流れてしまう。

4
泡立て器の跡が残り、とろみが出てくる。83℃手前になったら火からおろしてしばらく混ぜ、熱を均一にする。

5
木ベラにとるとテーブルクロスをかけたような状態（ナップ状という）が「とろみ」がついた目安。指でなぞると跡が残る。ボウルに漉して、氷水にあてて混ぜながら冷ましておく。

カラメルソース
Sauce caramel

クリームやムースの味つけとして活躍
色の濃さ、苦味の程度はつくり手やお菓子次第

配合
グラニュー糖
＊ときに水飴を加える。水飴は分量の砂糖の上にのせて計り、砂糖をまぶした状態で持ち上げて鍋などに入れるようにすると、扱いやすい（→P165）。
生クリーム
＊分量はそれぞれの応用菓子の頁に表記。

1
鍋に砂糖を少しずつ入れて、炎が鍋底から出ない程度の強火で混ぜながらカラメル状にする。砂糖が液状になったら次を入れる。
＊均一に火が入る失敗のない方法。水飴を使う場合は最初に入れて溶かす。

2
好みの色に煮つまったら（色づきはじめの160℃から苦味の出る190℃くらいまで）、火を止め、温めた生クリームを注ぎ入れて混ぜる。
＊温度が急激に下がらないように生クリームは温めて加える。熱せられた生クリームが飛び散るので注意する。

ガナッシュ
Ganache

チョコレートのコクとねっとりした食感が特徴
水分とチョコレートの油脂(カカオバター)を
静かに乳化させていく混ぜ方がポイント

分量　でき上がり約600g
チョコレート　300g　細かく刻んでおく
生クリーム(乳脂肪分38%)　300g
＊乳脂肪分の低い(38%)生クリームが手に入らない場合、牛乳で割って脂肪分を調節してもよい。
　乳脂肪分47%の生クリーム235gと牛乳65ccを合わせると、38%のもの300gとなる。

1
生クリームを沸騰させ、刻んだチョコレートに注ぐ。
＊水と油の関係で生クリームも高脂肪だと分離しやすくなるので、乳脂肪分38%のものを使った。

2
しばらくおいて溶けてきたら木ベラで小刻みに混ぜ、ゆっくりとつなげていく。混ぜた跡が筋状に残ってつやがあれば乳化しはじめている証拠。

3
全体につやがあり、ねっとりしてくればでき上がり。バットに静かに流して、すぐに使わなければ冷蔵庫へ。ゆっくりと室温にもどしてから使うこと。湯煎にかけたり、泡立て器で混ぜたりするのは厳禁。

応用菓子
オペラ(→P42)、トリュフ(→P134)
ガトー・マルジョレーヌ(→P143)

失敗例──ガナッシュ

Q 油が浮いてきてしまった。

A 一気に激しく混ぜたから。徐々に混ぜること。

カカオ分(→P129)が分離してしまった状態(下左写真の右の木ベラ)。こうなると乳化しにくい。リカバー方法は、まずガナッシュを湯煎にかけていったん完全に分離させる。これを、少し温めた少量の牛乳に同量くらい加えて泡立て器で混ぜ、さらに少量ずつ加えては混ぜていく(下右写真)。ガナッシュの3分の1量ほどがつながったら木ベラに持ち替え、つやが出るまで同じ作業を続ける。

ガナッシュが余ったら
ショコラ・ショーにする

牛乳を沸かし、ガナッシュを好みの量加えて混ぜるだけでショコラ・ショー(ホット・ココア)のでき上がり。ココアパウダーでは出せないとろけるような味わい。

バタークリーム
Crème au beurre

バターの口溶けのよさと風味が身上の
フランス菓子では代表的なクリームの1つ
混ぜるベースによって異なる特性を生かしたい

　泡立てたバターにベースとなるほかのクリームを混ぜこんでつくる。
　バタークリームのベースは「イタリアン・メレンゲ」（→P77）、「パータ・ボンブ」（→P76）、「カスタードクリーム」（→P70）、「アングレーズソース」（→P79）などである。イタリアン・メレンゲベースは安定した気泡を含み、保形性にすぐれ、かつ軽い食感を生み出す。パータ・ボンブベースはコクと甘味が強い。カスタードクリームベースは粘着性が高く、水分の多いフルーツを生地にはさむときなどに都合がよい。アングレーズソースベースは水分が多く、口溶けがいいのが特徴。
　バタークリームといってもいろいろな特徴がある。どれを採用するのか、塗る厚さをどのくらいにするかなどもおいしさと関係してくる。応用菓子ではその辺を念頭に見てほしい。

バタークリームの合わせ方

1 バターはここまで柔らかくする。指がスーッと入るくらいになるまで室温でもどす。冬は薄くカットして暖かい部屋に置いておくとよい。

2 バターをボウルに入れ、泡立て器で白っぽくなるまでよく混ぜる。ミキサーの高速で泡立ててもよい。
＊気泡を入れることでバターの口溶けがよくなり、食感が軽くなる。

3 それぞれのベース（写真はイタリアン・メレンゲ）を少しずつ加えては混ぜる。ミキサーで混ぜる場合は高速で。水分が多いアングレーズソースの場合のみ、中速程度に速度を落として長めに撹拌する。

4 なじんだら次を入れて混ぜる。混ざればよい。次頁からのバタークリームは分量のみを表記した。つくり方はこちらを参照。

バタークリームいろいろ

保形性にすぐれ、軽い淡白な味
イタリアン・メレンゲベース
Crème au beurre à la meringue italienne

分量　でき上がり750g
イタリアン・メレンゲ
　┌ グラニュー糖　200g
　└ 水　70cc
　　卵白　120g
無塩バター　450g　常温で柔らかくもどしておく
＊つくり方はイタリアン・メレンゲ（→P77）、
　バタークリームの合わせ方（→P81）を参照。

応用菓子
　オペラ（→P42）
　ダッコワーズ（→P44）
　ダッコワーズ・プラリネ（→P45）
　ガトー・モカ（→P84）
　マカロン、レーズン・サンド（→P85）

保形性がいいのが特徴。ガトー・モカ（→P84）のデコレーションにも見られるように、絞り出しにも向いている。また常温でも溶けにくく、常温に置くお菓子にも用いられる。
　食感でほかのバタークリームと違うのは、口溶けが悪いところ。クリームだけをなめると、ぬめっとした印象が残るので、シロップをたっぷり塗って口溶けをよくした生地に、オペラのように薄く塗ることが得策といえる。
　ただし、口溶けが悪い分だけ口の中で味が広がらず、砂糖がかなり入っているにしては甘さも感じにくい。またメレンゲ自体の味が淡白なので、フルーツなどの繊細な味を引き立てる場合には好都合。色が白く、色粉などできれいな色をつけることも容易だ。

口溶けがよく、コクがあってつややか
パータ・ボンブベース
Crème au beurre à la pâte à bombe

分量　でき上がり730g
パータ・ボンブ　280g（基本分量）
　┌ グラニュー糖　180g
　└ 水　60cc
　　卵黄　6個
無塩バター　450g　常温で柔らかくもどしておく
＊つくり方はパータ・ボンブ（→P76）、
　バタークリームの合わせ方（→P81）を参照。

応用菓子
　ビュッシュ・ド・ノエル（→P37）
　セヴィーニェ（→P86）

コクがあってバターを一番感じるクリーム。バタークリームらしい存在感、重みがある。味は卵黄の風味が如実に出て、ホッとする温かみが感じられる。口溶けがよいので口中に広がりやすく、甘さもしっかり主張する。甘いメレンゲ生地や、味の濃い生地に合わせても負けない。
　ただし、塗る厚さや生地によってはしつこく感じられる場合もあるので注意したい。もっともセヴィーニェ（→P86）のように甘いメレンゲ生地でも、カリッとした食感の軽さ、変化が楽しめるものならば、厚く塗ってもおいしい。
　存在感があり、またつやもいいので、ビュッシュ・ド・ノエルの薪の質感なども表現できる。柔らかいのでロールケーキに巻きこむのにも適している。

粘着性があり、かつ滑らかな食感
カスタードクリームベース──クレーム・ムースリーヌ
Crème mousseline

配合
カスタードクリーム（→P70）
無塩バター　常温で柔らかくもどしておく
＊つくり方はカスタードクリーム（→P70）、
　バタークリームの合わせ方（→P81）を参照。
　バターはカスタードクリームの1/2〜2/3量で、
　分量はそれぞれの応用菓子の頁に表記。

応用菓子
　フレジエ（→P35）
　ドボストルテ（→P87）

おなじみのカスタードクリームの味。バタークリームにしてはバターを比較的感じず、しつこくないので汎用性は高いといえる。
　舌にまとわりつくような滑らかさがあるのが特徴。その名前「ムースリーヌ」は、滑らかでつやのあるもの、軽いものにつけられる。
　カスタードクリームには小麦粉が入るので粘着性が高く、フレジエのように水分の多いフルーツを入れてもずれにくく、接着作用を利用するものに適している。またスーッと溶けないので、プラリネ入り生地などよく咀嚼する必要がある生地に合う。カスタードクリーム自体がしっかりつながっていて、さらにバターが入るので、水分が外に出にくく、生地を湿気らせたくないミルフィーユ（→P62）などにも合う。冷やしても固くしまりすぎない点にも注目。
＊詳しくは→P71クレーム・ムースリーヌ。

水分が多く、口溶けがいい
アングレーズソースベース
Crème au beurre à l'anglaise

分量　でき上がり約750g
アングレーズソース
- バニラスティック　½本
- 牛乳　250cc
- 卵黄　4個
- グラニュー糖　150g
＊砂糖の半量は牛乳に入れて温める。
無塩バター　350g　常温で柔らかくもどしておく
＊つくり方はアングレーズソース(→P79)、バタークリームの合わせ方(→P81)を参照。

応用菓子
パリ・ブレスト(→P88)
フランクフルター・クランツ(→P89)

アングレーズソースベースのこのクリームは、卵黄が入るのでコクがある。しかし、牛乳をたっぷり使うので水分が多くて口溶けがよく、しつこさがないのが特徴。バターの風味は比較的出やすい。

柔らかいクリームなので生地ともよくなじみ、シロップをたっぷり塗った生地と合わせると、口の中で一体化して溶けていくおいしさがある。味も食感もほかのクリームほど個性が強くないせいか、シュー生地やアーモンド生地など固いものにも柔らかいものにも合わせられ、生地を選ばない。

ただし、水分が多く柔らかいクリームだけに、保形性は低く、すぐにだれる。デコレーション用には不向きだ。

メレンゲを加えて軽くする
アングレーズソースベース＋イタリアン・メレンゲ──軽いバタークリーム
Crème au beurre légère

＊ここではアングレーズソースベースのバタークリームだが、前出の各種クリーム(→P82〜83)でも軽いバタークリームはできる。その1〜3割の分量のイタリアン・メレンゲを加えて、切るように混ぜてつくる。

応用菓子
ドフィノワ(→P90)

アングレーズソースベースのバタークリームは水分が多く、気泡を抱きこみにくいので、イタリアン・メレンゲをプラスして軽い食感にしたもの。ボリューム感も出る。

ドフィノワ(→P90)のようにクルミ入りの甘い生地を使ったものなど、重い生地やチョコレートに合わせて軽さを添えたい場合に有効だ。イタリアン・メレンゲだけだとコクに欠けるが、アングレーズソースの味わいを生かすこともできる。

カスタードクリームやパータ・ボンブのバタークリームを軽くしたい場合にも、同様にイタリアン・メレンゲを加える手法はよく見られる。イタリアン・メレンゲの量を増やせば、バタークリームベースのムースとなる。

応用菓子──イタリアン・メレンゲベースのバタークリーム
ガトー・モカ
Gâteau moka

コーヒー風味の生地とクリームの組合せ
ジェノワーズ生地にはシロップを塗り
バタークリームは薄く塗って口溶けよく

分量　直径18cm 1台分
コーヒー風味のパータ・ジェノワーズ（スポンジ）　直径18cmのマンケ型1台分
- 全卵　3個
- グラニュー糖　90g
- 薄力粉　90g　ふるう
- コーヒー液　合わせて溶いておく
  - インスタントコーヒー　5g
  - 湯　5cc
- 無塩バター　30g　湯煎で溶かしておく

コーヒー風味のバタークリーム
- イタリアン・メレンゲベースのバタークリーム（→P82）　300g
- コーヒー液　合わせて溶いておく
  - インスタントコーヒー　5g
  - 湯　5cc

ラム酒風味のシロップ　下記を混ぜておく
- シロップ（→P35）　50cc
- ラム酒　40cc

プララン（→P154）　適量
チョコレートがけのコーヒー豆（市販）　適量

準備
型にはバターを薄く塗って冷やしておき、生地を流す直前に強力粉（以上分量外）をふる。

1　パータ・ジェノワーズの1〜4（→P32）を参照してコーヒー風味の生地をつくる。ただし、コーヒー液は3で薄力粉を入れる前に加え混ぜる。準備した型に生地を流し入れ、180℃のオーヴンで25分焼く。型からはずし、冷ましておく。

2　バタークリームに味をつける。イタリアン・メレンゲベースのバタークリームにコーヒー液を加え、泡立て器でよくまわし混ぜる。
＊このクリームは色が白いので、コーヒーなどで色をつけやすい。

3　生地が冷めたらヨコ3等分にスライスし、断面（片面、または両面）にラム酒風味のシロップをハケで塗る。

4　下2枚の生地上にパレットでバタークリームを薄く塗り広げ、もとの形に重ねる。残りのクリームを絞り用に少し残して側面と上面に塗る（→P17）。

5　絞り用のクリームを小さめの星口金で上面に絞り、ケーキを手に持って裾部分にプラランをつけていく（→P113）。最後にチョコレートがけのコーヒー豆を飾る。

常温で食べるバタークリームのお菓子

応用菓子——イタリアン・メレンゲベースのバタークリーム

マカロン
Macaron mou

分量 各30個分
●マカロン・バニラ
バニラ風味のマカロン生地
- メレンゲ
  - 卵白　110g
  - グラニュー糖　40g
- バニラエッセンス　少量
- バニラの種（さやからこそげとる）　½本分
- アーモンドプードル　125g ┐合わせてふるう
- 粉糖　200g　　　　　　　 ┘

バニラ風味のバタークリーム
- イタリアン・メレンゲベースのバタークリーム（→P82）　50g
- バニラエッセンス　少量

●マカロン・カフェ
コーヒー風味のマカロン生地
- メレンゲ
  - 卵白　110g
  - グラニュー糖　40g
- コーヒー・ペースト（市販）　30g
- ＊ない場合はインスタントコーヒーを同量の湯で溶いたコーヒー液を30㏄。
- アーモンドプードル　125g ┐合わせてふるう
- 粉糖　200g　　　　　　　 ┘

コーヒー風味のバタークリーム
- イタリアン・メレンゲベースのバタークリーム（→P82）　50g
- コーヒー液　適量
- ＊インスタントコーヒーを同量の湯で溶いてつくる。

1　マカロン生地をつくる。ミキサーで卵白に砂糖を2～3回に分けて加えながら泡立て、しっかりしたメレンゲをつくる（→P12）。バニラ風味にはバニラエッセンスとバニラの種を、コーヒー風味にはコーヒー・ペーストを加えて、ゴムベラで混ぜる。

2　アーモンドプードルと粉糖をそれぞれに加え、ゴムベラの面で気泡をつぶすように混ぜ、少し流れるくらいの柔らかさの生地にする。

3　シルパットの上に口径7㎜の丸口金で、間隔をあけながら直径3.5㎝に丸く絞り出し、10分ほど常温で表面を乾かす。

4　天板にシルパットごとのせて200℃のオーヴンで約15分焼き、焼けたらそのまま冷ましておく。

5　イタリアン・メレンゲベースのバタークリームに色と味をつける。バニラ風味にはバニラエッセンスを、コーヒー風味にはコーヒー液を加えて、泡立て器でよくまわし混ぜる。

6　半量の生地の平らな面に、それぞれのクリームを口径7㎜の丸口金で少量ずつ絞り、残りの生地ではさむ。

レーズン・サンド
Viennois au rhum

分量　20個分
生地
- 無塩バター　200g　常温で柔らかくもどしておく
- 粉糖　80g
- 塩　2g
- 卵黄　2個　常温にもどしておく
- 薄力粉　250g　ふるう

グラス・ロワイヤル（→P110）　適量
＊卵白15gと粉糖90gを合わせて混ぜ、レモン汁を少量加え混ぜる。紙のコルネをつくっておく（→P21）。

ラム酒風味のバタークリーム
- イタリアン・メレンゲベースのバタークリーム（→P82）　400g
- ラム酒　30㏄

ラム酒漬けレーズン　5～6粒／1個
＊湯でもどしたレーズンをラム酒に1週間以上浸しておく。

1　生地をつくる。クリーム状にしたバターに粉糖と塩を加え、泡立て器で白っぽくなるまでまわし混ぜる。さらに卵黄を少しずつ入れながらまわし混ぜる。
＊卵黄は冷たいとバターが固まるので常温にもどす。

2　薄力粉を加えて、カードで切り刻みながらまとめていく。サクサクした食感にしたいのであまり練らないようにする。ビニール袋に入れて冷蔵庫で1時間以上休ませる。

3　2を5㎜厚さにのばしてカヌレ（刃がギザギザのもの）のパイカッターで5㎝角にカットし、オーヴンペーパーを敷いた天板に並べて180℃で計20分焼く。10分ほど焼いたところで1度とり出し、生地の半分に紙のコルネに入れたグラス・ロワイヤルを格子状など好きな模様に絞ってオーヴンにもどし、さらに10分ほど焼く。焼き上がったら冷ましておく。

4　クリームに味をつける。イタリアン・メレンゲベースのバタークリームにラム酒を加え、泡立て器でよくまわし混ぜる。

5　模様つきとなしの生地を1組にし、片方にパレットでバタークリームを塗り、汁気を切ったレーズンをのせてもう片方ではさむ。

応用菓子──パータ・ボンブベースのバタークリーム
セヴィーニェ
Sévigné

リッチで甘いメレンゲ生地に合わせ
コクのあるバタークリームを厚く塗る
サクッとした生地との食感の変化も楽しめる

分量　直径7cm 12個分
パータ・プログレ(生地)
　┌ タンプータン(→P142)　180g
　│　＊またはアーモンドプードル1：粉糖1で合わせたもの。
　│ 薄力粉　35g　ふるう
　│ 牛乳　40cc　人肌に温める
　│ メレンゲ
　│　┌ 卵白　120g
　│　└ グラニュー糖　100g
　└ 粉糖(焼成用)　適量
プラリネのバタークリーム
　┌ パータ・ボンブベースのバタークリーム(→P82)　300g
　└ プラリネ(市販、または→P148)　50g
粉糖(飾り用)　適量

1　生地をつくる。タンプータンと薄力粉を合わせてボウルにふるい入れて、牛乳を加えてざっと混ぜ、湿らせておく。
2　卵白に砂糖を加えながらしっかりしたメレンゲをつくり(→P12)、一部を1のボウルに加えてよく混ぜ、さらに残りを加えてゴムベラで切るようにさっくりと混ぜ合わせる(→P14)。
3　オーヴンペーパーを敷いた天板に口径15mmの丸口金で直径7cmのドーム状に絞る。粉糖をたっぷりふり、160℃のオーヴンで約50分焼く(24個以上できるが、すべて絞って焼いておく)。
4　プラリネのバタークリームをつくる。ボウルにバタークリームとプラリネを入れ、泡立て器でまわし混ぜる。
5　生地を2個用意する。パレットで生地1個のドーム状の上にクリームを多めにのせ、もう1個の生地ではさみ、側面のはみ出たクリームを均す。残りの生地も同様にクリームをはさんで計12個つくる。
6　焼いて余った生地をざるで漉してクラムをつくる。5でサンドしたクリームの側面にこれをまぶしつけ(→P113)、上面には粉糖をふって飾る。

応用菓子——カスタードクリームベースのバタークリーム

ドボストルテ
Dobostorte

薄い生地にチョコとプラリネのクリームを
何層にも重ねる伝統的ウィーン菓子
生地のさっくりした食感が長く保たれる

分量　直径21cm 1台分
ドボス生地
＊直径21cm、厚さ2mmの円形のシャブロン型を用意。
- 無塩バター　160g　常温で柔らかくもどしておく
  - 粉糖　30g
  - 卵黄　5個
  - バニラエッセンス　少量
  - メレンゲ
    - 卵白　150g
    - グラニュー糖　110g
- 薄力粉　120g　ふるう

プラリネのクレーム・ムースリーヌ
- カスタードクリーム
  - 牛乳　125cc
  - 卵黄　2個
  - グラニュー糖　100g
  - カスタードパウダー　20g
- ブラックチョコレート　90g　刻んでおく
- プラリネ（市販、または→P148）　70g
- ラム酒　15cc
- 無塩バター　225g　常温で柔らかくもどしておく

カラメル
- グラニュー糖　200g

1　ドボス生地をつくる。ボウルにバターを入れてクリーム状になるまで泡立て器でまわし混ぜ（→P14）、粉糖を加えて白っぽくなるまでさらに混ぜる。
2　卵黄を1個ずつ加えては同様に混ぜ、色が均一のクリーム状になったらバニラエッセンスを加え混ぜる。
3　卵白と砂糖で柔らかめのメレンゲをつくる（→P12）。
4　2にメレンゲを加え、切るように混ぜる（→P14）。薄力粉を入れて同様に混ぜる。
5　オーヴンペーパーを敷いた天板にシャブロン型を置き、生地を流してパレットで均し、シャブロン型を上にはずす。同じものを7枚つくり、180℃のオーヴンで約10分焼く。冷ましておく。
＊シャブロン型は金属、ゴム、シリコン、厚紙などに穴をあけた型。薄くのばすときに使う。
6　クリームをつくる。まずバニラスティックを入れずにカスタードクリームをつくる（→P70）。薄力粉の代わりにはカスタードパウダーを使い、砂糖の半量は牛乳に入れていっしょに沸かして使う。混ぜながらクリーム状になるまで炊く。
7　6をチョコレートとプラリネを入れたボウルに加えて泡立て器でまわし混ぜて溶かし、ラム酒を加え混ぜる。粗熱をとって、クリーム状にしたバターと合わせる（→P81）。
8　砂糖を煮つめてカラメルをつくり（→P79カラメルソース・1）、生地1枚の上に流し、熱いうちに10等分にする。
9　残りの生地に7のクリームを塗って重ね、全体にもクリームをコーティングする（→P17）。星口金で上面に10ヵ所菊形に絞り、その上に8の生地を斜めにして風車の形にのせていく。

応用菓子――アングレーズソースベースのバタークリーム
パリ・ブレスト
Paris-brest

バタークリームが香ばしいシュー生地に合う
中央にも生地を仕込んで
クリームとのバランスをとる

分量　直径21cm 1台分
パータ・シュー
├ 水　100cc
├ 牛乳　100cc
├ 塩　2g
├ 無塩バター　90g　常温にもどしておく
├ 薄力粉　120g　ふるう
└ 全卵　3～4個　溶いておく
塗り卵(全卵＋塩少々)　適量
アーモンドスライス　適量
プラリネのバタークリーム
├ アングレーズソースベースのバタークリーム(→P83)　500g
└ プラリネ(市販、または→P148)　100g
粉糖　適量

1　パータ・シューをつくる(→P64)。牛乳は水、塩、バターといっしょに沸騰させて使う。
＊水の半量を牛乳にして、風味のある生地をつくる。
2　薄くバター(分量外)を塗った天板に口径11mmの丸口金で直径21cmのリング状に1本、その内側にくっつけて1本、さらにその上中央に1本絞る(下2本、上1本)。塗り卵をハケで塗ってアーモンドスライスをふり、200℃のオーヴンで40分焼く。別に直径21cmよりひとまわり小さめに1重のものも1本絞って同様に焼く。それぞれ冷ましておく。
3　プラリネのバタークリームをつくる。ボウルにバタークリームとプラリネを入れ、泡立て器でまわし混ぜる。
4　太いほうの生地を半分の厚さにスライスし、下の生地に3のクリームを口径15mmの星口金で絞り入れる。1重で焼いた生地をクリーム中央にのせ、生地の外側と内側にクリームを絞って上の生地でサンドする。
5　上面に粉糖をふる。

応用菓子――アングレーズソースベースのバタークリーム
フランクフルタークランツ
Frankfurter Kranz

代表的なドイツ菓子
シロップを塗ったスポンジと
薄く塗ったクリームが口の中で一体になる

分量　直径24cmのサバラン型1台分
ヴィーナーマッセ（ジェノワーズに似た生地）
- 全卵　6個
- グラニュー糖　150g
- レモンの表皮のすりおろし　1個分
- バニラエッセンス　適量
- 薄力粉　100g ┐合わせてふるう
- 浮き粉（小麦デンプン）　100g ┘
- 無塩バター　50g　湯煎で溶かしておく

キルシュ風味のシロップ　下記を混ぜておく
- シロップ（→P35）　100cc
- キルシュ　80cc

バタークリーム
- 生クリーム　150g
- 全卵　1個
- グラニュー糖　150g
- バニラエッセンス　適量
- 無塩バター　225g　常温で柔らかくもどしておく

クロカント
- グラニュー糖　200g
- 水飴　20g
- アーモンドダイス　120g

フランボワーズのジャム（市販、または→P162）　100g
＊赤いジャムであれば何でもよい。

ドレンチェリー　12粒

準備
型にはバターを薄く塗って冷やしておき、
生地を流す直前に強力粉（以上分量外）をふる。

1　ヴィーナーマッセをつくる。ボウルに卵を入れて泡立て器でほぐし、砂糖を加えてまわし混ぜ、湯煎で人肌に温める。高速のミキサーでリボン状になるまで泡立て、ボウルに移す。

2　レモンの表皮のすりおろし、バニラエッセンスを加えてゴムベラで切るようにざっと混ぜ、合わせてふるった粉類をふり入れて切るように混ぜる。溶かしバターを加えて同様に混ぜる。

3　準備したサバラン型にヴィーナーマッセを流し入れて180℃のオーヴンで約50分焼く。型からはずして粗熱をとっておく。

4　バタークリームをつくる。バター以外の材料で、牛乳は生クリームに、卵黄は全卵に替えてアングレーズソースの要領で（→P79）ベースをつくる。バニラスティックの代わりに使うバニラエッセンスは、漉したあとに冷ましてから加え混ぜる。最後にクリーム状にしたバターを混ぜ合わせる（→P81）。

5　クロカントをつくる。砂糖と水飴を手鍋に入れてカラメル状に煮つめ（→P79カラメルソース・1）、火からおろす。アーモンドダイスを加えて木ベラで混ぜて全体にカラメルをからめる。これをシルパットに広げて冷ます。麺棒でたたいて砕き、ふるいで粒をそろえる。

6　生地をヨコ3等分にスライスし、断面すべてにキルシュ風味のシロップをハケで塗る。下2枚の生地に4のクリームをパレットで薄く塗り広げ、紙のコルネ（→P21）でジャムを生地に沿って2本ぐるりと絞る。生地を重ねてもとの形にする。

7　クリームを飾り用に少し残し、パレットで表面全体に薄く平均に塗り、クロカントをまぶしつける。上面に大きい星口金で残したクリームを菊形に12個絞り、上にドレンチェリーをのせて飾る。

応用菓子──軽いバタークリーム

ドフィノワ
Dauphinois

クルミ風味のしっかり甘い生地だから
イタリアン・メレンゲを加えた
軽いバタークリームでバランスをとる

分量　直径21cmのセルクル1台分
クルミ入りメレンゲ生地
├ クルミのタンプータン(詳細は→P142)　100g
│ ＊クルミのプードル1：粉糖1を混ぜる。
├ 牛乳　20cc
├ メレンゲ
│ ├ 卵白　80g
│ └ グラニュー糖　65g
コーヒー風味の軽いバタークリーム
├ アングレーズソース
│ ├ バニラスティック　1/2本
│ ├ 牛乳　100cc
│ ├ 卵黄　4個
│ └ グラニュー糖　80g
├ 無塩バター　300g　常温で柔らかくもどしておく
├ イタリアン・メレンゲ　下記から100gを使う
│ ├ グラニュー糖　200g
│ │ └ 水　40cc
│ └ 卵白　80g
├ コーヒーエキス(市販、または→P139)　適量
クルミ　100g
＊170〜180℃で焼き目が軽くつくまでローストし、刻んでおく。
ミルクチョコレートのパータ・グラッセ　約300g
＊パータ・グラッセは→P129を参照。
クーヴェルテュール　適量

1　クルミ入りメレンゲ生地をつくる。ボウルにクルミのタンプータンを入れ、牛乳をふって湿らせておく。卵白と砂糖で柔らかめのメレンゲをつくって(→P12)加え、ゴムベラで切るように混ぜる。
2　薄くバター(分量外)を塗った天板に、直径21cmのセルクルに粉(分量外)をまぶして輪の形に印を3個分つけ、口径7mmの丸口金で1の生地を印の内側にうず巻状に3枚絞る。140℃のオーヴンで約60分焼き、冷ましておく。
3　バタークリームをつくる。アングレーズソースをつくり(→P79)、粗熱がとれたらクリーム状に泡立てたバターに少しずつ加えて、中速のミキサーで合わせる(→P81)。
4　イタリアン・メレンゲをつくり(→P77)、うち100gを3に加え、泡立て器で切るように混ぜる(→P14)。ざっと混ざったらコーヒーエキスを加えて同様に混ぜる。
5　セルクルの底に生地1枚を置き、バタークリームの3分の1量をアングルパレット(→P16)で塗り広げ、ローストしたクルミを半量散らして2枚めの生地を重ねる。同じようにクリーム、クルミ、生地の順に重ねる。残りのクリームを上面に塗り広げ、冷蔵庫に入れて冷やし固める。
6　パータ・グラッセを湯煎で溶かして40℃くらいに温める。5のセルクルをはずして(→P115)バットの上にのせたアミの上に置き、パータ・グラッセを全体にかける。
7　クーヴェルテュールをテンパリングし(→P130)、つくった紙のコルネ(→P21)に入れ、上面に文字などを絞り出して飾る(→P22)。

イースト菓子

イースト菓子をつくる前に知っておきたいこと

■発酵とは何？

イースト菓子はイースト菌を使って発酵させたお菓子のこと。発酵は生地を膨らませる役割があるが、ベーキングパウダーと違う点は、イースト菌による「香りづけ」にある。

イースト菌は酵母菌の1種で、酒づくりと同様にこの菌が材料を分解する。小麦粉のデンプンや砂糖をブドウ糖や果糖に分解して栄養素としてとりこみ、炭酸ガスとアルコールや有機酸を放出する。炭酸ガスが生地を膨らませ、アルコールや有機酸が香りづけに役立つのだ。

発酵生地の材料に必要なのはイーストと小麦粉、水、塩である。小麦粉に含まれるデンプンの一部はイーストの栄養になり、タンパク質は水を加えることで網目状組織グルテン（→P28）を形成し、「膨張を支える骨格」となる。また塩は「風味づけ」とグルテン組織を引きしめる役割を果たす。塩を入れないと生地がだれて安定しにくくなる。ただし、塩はイースト菌の細胞を破壊するので、直接接触しないように通常は小麦粉と混ぜて使う。

■発酵の温度と窯の中

発酵温度は30℃前後というのが多い。これはイーストが活動する温度帯が4～40℃くらいで、一番活発になるのが28～38℃くらいだからだ。4℃以下では冬眠状態に入って活動がストップし、45℃以上では働きが極端に弱まり、60℃を超えると死んでしまう。発酵による膨張をスムーズにするために、クーラーなどの風があたらないところを選ぶことも重要だ。

発酵は一気に膨張させるのではなく、窯に入れたあとの「窯のび」（後述）も考えに入れて徐々にピークをつくっていく。概して1次発酵よりも2次発酵の設定温度が高めなのは、最初から高い温度で急激に発酵させると、焼く前に発酵力が弱まり、窯のびが悪くなるからだ。

また途中でパンチを入れて「ガス抜き」を行なうが、これは生地に刺激を与えてグルテンの弾力性を高めると同時に、酸素を供給することでイーストの働きを活性化させるためだ。

発酵にはバターの多い生地向きの低温発酵というのもある。これはクロワッサンなどが典型で、折りこんだバターが溶けないように5～6℃の冷蔵庫に入れる。イーストの活動がにぶる分、長時間かけてゆっくり発酵させるのである。このとき、ムラなく速く冷えるように、生地を押しつぶして平らにする。

さて、オーヴンの中ではどうなるのか。

イーストは焼成時初期（生地温度40℃～）、オーヴンの中でも生きていて膨張する。これを「窯のび」という。やがてイーストは死滅し（同60℃～）、グルテン組織が蓄えていた水分を熱によって放出する。その水分をデンプンが吸って糊化し、グルテンの網目状組織の間を埋めていく。独特の食感はこうして生まれる。

そして最後に、表面が焼けて香ばしいにおいがつく。ちなみに風味を決める要素としてはイーストのほかに砂糖、卵、バターなどがある。

■イーストの種類

イーストには、砂糖がなくても発酵するヨーロッパタイプと、砂糖を栄養分とする日本タイプの2つがある。前者はフランスパンなどのリーンな（リッチでない）生地向き。後者は砂糖を使うリッチな生地向きで、日本ではこちらが主流だ。ちなみにヨーロッパタイプのイーストを砂糖の多い生地に使うと、発酵力が低下する。

さらに形態としては次の3つに分かれる。

①生イースト　イースト菌を培養して圧縮、成形したもの。7割ほどの水分を含むので冷蔵庫で保存して2週間を目安に使い切る。固形なの

右から順に生イースト、インスタントドライイースト、ドライイースト。イーストは基本的にリーンな生地向きのヨーロッパタイプと、砂糖が入る生地向きの日本タイプがある。

で基本的にイーストの重量の3～4倍の水に溶いてから使う。
②ドライイースト　イースト菌を乾燥させ、顆粒状にしたもの。水分は4～7％と低いので保存性が高い。生イーストは生きているが、ドライはいわば冬眠中。5～6倍のぬるま湯に入れ、40℃ほどの湯煎で（または温かい場所に置いて）もどして使う。つまり菌を起こす作業だ。これを「予備発酵」という

なお牛乳を使う場合は、脂肪分などを含むため、7～8倍と湯より多めの量で同じように予備発酵させる。また溶けにくいので発酵開始から6～7分たったらよく攪拌する。
③インスタントドライイースト　さらに細かく粉状にしたドライイースト。水分は4～4.5％と低い。活性が強いとされ、小麦粉に直接混ぜこんで使用できるので便利（発酵時間が短いパンでは、材料によく混ざるように水に溶かして使う場合もある）。保存は②のドライとともに、密封容器に入れて低温で約6ヵ月が目安。長くおきすぎると発酵力が落ちる。

生イーストは国産品のみで、フランスパンなどの糖分を使わない生地には不向きとされる。輸入ものも混在するドライ、インスタントの場合はお菓子用を選ぶようにする。

またイーストは含まれる水分や発酵力によって、その使用量が違うことに注意したい。ほかの材料が同じ分量のとき、水分が多い生イーストが1とすると、ドライはその2分の1、発酵力が強いインスタントドライイーストはさらにドライの8割、生イーストの4割でよい。分量比は10対5対4と覚えるといい。

各イーストの扱い方

生イースト
固形状なので手で細かくほぐし、配合中の水分に溶かして使う。使い方は簡単だが、保存期間が短いのが難。

ドライイースト
予備発酵が必要。イーストの5～6倍のぬるま湯に入れてよく攪拌し、湯煎で40℃ほどに保ち、泡でおおわれるまで約20分おく。イーストの5分の1量の砂糖を加えると発酵が促進される。

インスタントドライイースト
粉に混ぜればいいだけで手軽。保存期間も長い。発酵力が強いだけに少量でよく、分量が少ないときには計量しにくい。

パータ・ブリオッシュ
Pâte à brioche

バター風味が豊かでリッチな生地
パンではブリオッシュ・ア・テットが代表的
イースト菓子にはこの生地を使ったものが多い

分量　直径8cmブリオッシュ・ア・テット30個分（でき上がり約1250g）
ドライイースト　10g
└ 牛乳（イースト用）　80cc
材料A
┌ フランスパン専用粉　500g
　＊各メーカーでブレンドされた製品がある。
　　なければ強力粉7〜8割＋薄力粉2〜3割にして使う。
　　以降の頁でも同様に。
　グラニュー糖　60g
　塩　10g
　全卵　5個
└ 牛乳　40cc
無塩バター　250g
塗り卵（全卵）　適量
＊ミキシングの摩擦熱で温度が上昇するので、材料はすべて冷やしておく。
　予備発酵させたイーストも、使う直前に冷やす。

1
イーストを温めた牛乳で予備発酵させ（→P93）、使う直前に冷やす。牛乳を使うのはリッチな風味にするため。

2
材料Aと1をフックをつけた低速のミキサーにかけ、粉気がなくなったら中速に替える。側面についた生地をときどき払って攪拌する。
＊長くミキシングしてグルテンをしっかりつくる。

3
ペタペタ音がして粘りが増してきたら高速にする。自らの粘りでボウルについた生地がはがれるようになる。
＊人肌以上に熱を持つようなら氷水にあてながらまわす。負荷がかかるようならば中速で攪拌し続ける。

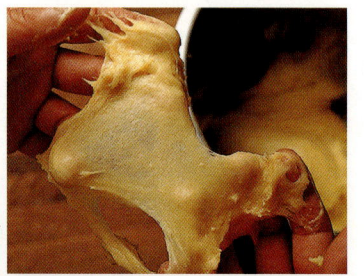

4
途中で生地をとって引っ張ってみるとよくのびるようならば、グルテンができてきた状態。

5
ミキサーを止め、生地にさわっても手離れがいいようならバターの入れどき。
＊油脂は小麦タンパクと水でできる網目状組織グルテンの形成を妨げるので（→P28）、生地がよくつながってからバターを入れる。

6
冷蔵庫から出したてのバターを麺棒でたたき、5を低速でまわしながら少しずつ加えていく。
＊バターは早くよく混ざってムラができないように少しずつ加え、ときどき側面を払いながら攪拌する。

7
バターが見えなくなったら中速に。ペタペタ音がしてくる。側面についた生地がフックに引きもどされ、バタバタといった鈍く重い音になればよい。
＊ボウル側面に貼りつく面積も小さくなる。

8
のばしてみると、バターを加えることで伸展性、つやもよくなっているのがわかる。

9
生地を打ち粉をした台上に出し、縁を下に丸めこんで表面を張らせるようにまとめる。
＊発酵したガスが充満しやすいように、表面を張らせるようにする。

10
張らせたほうを上にして、バター（分量外）を塗った容器に入れて蓋などでおおい、風があたらない26〜28℃の場所で60〜90分発酵させる（1次発酵）。写真は発酵が完了した状態。約2倍になればよい。

11
台上に出し、中心から外側に向かって押しながらガス抜きをする。

12
11の生地を左右、上下からたたんで順に三つ折りにし（正方形に近い形になる）、裏返す。

13
9と同じ要領で表面を張らせるようにまとめる。押して平らにしてビニール袋に入れ、1晩冷蔵発酵させる。
＊1晩冷蔵庫でおくことでグルテンの弾力が落ち着き、のばしやすくなるとともに風味もよくなる。

ブリオッシュ・ア・テットの成形

14 11の要領で生地をふたたびガス抜きしてまとめ、40gずつに分割する。それぞれを丸めてから押しつぶし、20分ほど室温で休ませる。
＊分割で刺激を受けたグルテンは固く張っている。成形しやすいように休ませる。

15 生地中央をつまんでヘソを出し（写真14手前）、ヘソを下にして掌にのせて生地を下に丸めこむ要領で転がす。
＊ヘソを出すのは、生地をつまんで引っ張ることで、丸めるときに生地の表面を張らせる意味がある。

16 すべてを丸めたら台上でとじ目部分をつまんで押さえる。押さえた反対側から3分の1から4分の1のところに手刀をあてる。

17 手刀で奥と手前に転がしながらくびれさせて「頭（テット）」をつくる。
＊くびれはしっかりつくらないと、焼いたときに膨らんではっきりしなくなる。また長く転がしすぎると生地が縮むので一気に行なう。

18 頭の部分（小さいほう）をつまんで持ち上げる。
＊とじ目は下になる。そのことで焼いたとき表面が張るように膨らむ。

19 バター（分量外）を塗っておいた直径8cmのブリオッシュ型に詰め、頭と胴体の部分の境目に指を入れ、穴があくほどギュッと押しこむ。

20 頭と胴体の間に指を入れて、頭をバランスよい位置に固定する。この作業をしないと、焼いたあと、頭が傾くことがある。
＊発酵させると倍に膨らむので、生地は型の半分程度を入れる。

21 風があたらない30〜32℃のところで60〜70分発酵させる（2次発酵）。約2倍に膨らんだら、表面に塗り卵をハケで塗り、下火を強めにした230℃のオーヴンで10〜12分焼く。

ポイント

バターが多く入る生地で、じっくり攪拌してしっかりグルテンができてからバターを加える。油脂が多く入ると生地の伸展性もよくなり、気泡もやや大きくなる。

パータ・クグロフ
Pâte à kouglof

ほっこりした甘さと素朴な食感が特徴のお菓子
ブリオッシュ生地に近いが砂糖は多め
比較的バターも卵も多いリッチな生地だ

分量　直径12cmのクグロフ型5台分＋15cmの同型3台分
ドライフルーツ
├ オレンジピール　20g　粗みじん切り
├ サルタナレーズン　240g
└ ＊オーストラリア原産の白レーズン。酸味がある。
グランマルニエ　30cc
ドライイースト　18g
└ 牛乳（イースト用）　140cc
材料A
├ フランスパン専用粉（→P94）　500g
├ グラニュー糖　120g
├ 塩　10g
└ 全卵　4個
無塩バター　180g
粉糖　適量
無塩バター（型用）　適量
アーモンドスライス（型用）　適量
＊ミキシングの摩擦熱で温度が上昇するので、材料はすべて冷やしておく。予備発酵させたイーストも、使う直前に冷やす。

1
ドライフルーツは前日にグランマルニエと合わせて味をなじませておく。

2
イーストを温めた牛乳で予備発酵させ（→P93）、使う直前に冷やす。牛乳を使うのはリッチな風味にするため。クグロフ型にバターを塗り、アーモンドスライスを貼りつける。

3
材料Aをよく合わせて2のイーストを加え、フックをつけた低速のミキサーでこねる。粉気がなくなったら中速に切り替える。

4
糖分が多い生地なのでべたつきやすい。途中でこまめに止めて生地を払って攪拌する。

5
まだグルテンの形成が弱い段階。十分にこねる。
＊砂糖が多い生地は卵も多く入る場合が多い。砂糖の吸湿性と卵黄に含まれる油脂（レシチン）がグルテンの形成を邪魔するので、長めにこねる必要がある。

6
生地表面が滑らかになり、フックに生地が塊になってついてくるようになれば、グルテンがしっかりできた状態。

7
手でちぎると弾力を感じ、引っ張ると膜がのびる。
＊この確認方法は生地が傷むので、なれてきたら6の状態で判断する。

8
冷蔵庫から出したてのバターを麺棒でたたき、低速にした6に少しずつちぎって入れる。バターがおおざっぱに混ざって塊が見えなくなったら中速に切り替え、ときどき側面を払いながら撹拌し続ける。

9
ボウルにつく生地が離れやすくなり、さわっても手につかなくなる。つやが出てきたら高速にする。ミキサー全体が振動するほど粘りが出てくる。

10
いったんバターの油脂で断ち切られたグルテンが、ふたたびつながった状態。のばすとよくのび、薄い膜ができる。

11
ドライフルーツを加えて低速でまわし、混ざったら台上に出す。表面を張らせるようにまとめ（→P95・9）、バター（分量外）を塗った容器に入れて蓋などでおおい、26〜28℃で60〜90分発酵させる（1次発酵）。

12
約2倍に発酵した状態。粉をつけた指で押して、穴がもとにもどらなければOK。
＊張っていたグルテンが発酵で休ませることでゆるむ。発酵不足だと穴がグルテンの弾力で押し上げられ、発酵過多だとしぼんでくる。

13
中心から外側に向かって押しながらガス抜きをする。

14
生地を左右、上下から順に三つ折りにし、折り目を下にして表面を張らせるようにまとめる。ビニール袋に入れ、平らにして1晩冷蔵庫で発酵させる。
＊作業性、風味の点からじっくり冷蔵発酵させる。

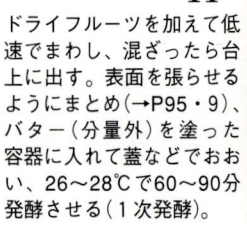

クグロフの成形

15
13の要領でガス抜きをし、打ち粉をした台上に出してまとめ、12cm型は110g、15cm型は225gずつに分割する。それぞれを軽くつぶしてから表面を張らせるように丸め、軽くつぶしてビニール袋に入れ、室温で20分休ませる。

16
型入れのためにふたたび丸める。台上で打ち粉を軽くふり、生地を掌でゆるめに囲んで回転させる。スナップをきかせて指先で下に押しこむ感覚で丸める。
＊生地の表面を張らせるための動作。

17
最初に丸めたものから順に型に入れていく。型のサイズに合わせて押しのばし、指で中央に穴をあける。この穴に何本か指を両側から入れ、糸を巻く要領で手をまわしながら穴を広げていく。

18
表面を張らせた側を下にして2の型に入れる。30～32℃のところで60～90分発酵させ（2次発酵）、1.5倍に膨らんだら210℃のオーヴンで25～30分焼く。冷めたら粉糖をふる。
＊張らせた側が上にきていないと、きれいに膨らまない。

型にホールのアーモンドを使う場合は、生地と密着しやすいように生地に霧を吹いてから型に詰める。

ポイント

砂糖が多く、長くミキシングする必要がある。そのためグルテンの網目が密になり、生地の目は比較的細かい。ミキシング時には、熱を持たせない工夫を忘れずに。

パータ・ババ
Pâte à babas

シロップをしっかり含ませるため
水分を多くして、しっかりミキシングし
グルテンの網目を密につくる

分量　直径4cmのダリオール型50個分
＊6cmサヴァラン型、または5cmポンポネット型ならば60個分

ドライイースト　12g
└ ぬるま湯　60cc

材料A
┌ フランスパン専用粉(→P94)　500g
│ グラニュー糖　35g
│ 塩　10g
└ 全卵　5個

水　190cc
コリントレーズン(小粒の品種)　240g
＊熱湯に30秒浸してからざるにあけておく。
無塩バター　125g　湯煎で溶かし、人肌に冷まして使う

準備
＊型にはごく薄くバター(分量外)を塗っておく。

1 イーストをぬるま湯で予備発酵させておく(→P93)。材料Aとイースト、分量のうちから少量の水を入れて軽く混ぜてから、フックをつけた低速のミキサーで混ぜる。粉がなじんできたら中速にする。

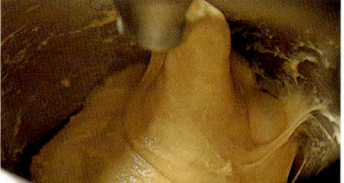

2 粉気がなくなってまとまってきたら、残りの水を少しずつ加えていく。ときどき側面を払って撹拌する。
＊水が多すぎてもグルテンはできにくい。全体がなじんできたら、次の水を入れるようにする。

3 「生地がすべる」状態。初期段階は水分が多くてグルテンができにくく、柔らかすぎてボウル側面を生地がすべる。ミキサーを止めると張りがないので、表面が平らになる。まだグルテンの形成が不十分な状態。

4 さらに撹拌していく。生地のすべりがなくなってきたら高速に切り替える。ミキサーが振動しはじめ、ペタペタと音がしてきたら、グルテンができてきた目安。

5 音が一段と強くなったらグルテンが十分にできた証拠(ミキサーを止めると、弾力があるので生地がボウル側面をゆっくりと落ちていく)。低速に切り替え、溶かしバターを加える。ざっと混ざったら中速にもどす。

6 ボウル側面についた生地がフックの動きにつれて引きはがされるようになり、つやが出てきたらOK。

7
ミキサーを止めてもこんもりとしている。
＊弾力があり、グルテンがしっかり形成されているのがわかる。

8
ミキサーを止め、レーズンを入れてカードで混ぜ合わせる。生地をそのまま5〜10分ほど休める。

9
準備した型に、口金なしの絞り袋で生地を6分めまで入れてハサミでカットする。

10
背の低いポンポネット型やサヴァラン型の場合、指に水をつけて生地縁を型に密着させる（ダリオール型は長いのでそのままOK）。

11
30〜32℃のところで30〜40分発酵させる。約2倍に膨らんだら、230℃のオーヴンで20〜30分焼く。上の写真（サヴァラン型）は左が発酵後、下の写真（ダリオール型）は右が発酵後のもの。

型には、いわゆるババ型ともいわれるダリオール型(中央)、サヴァラン型(右)、ポンポネット型(左)などがある。

ポイント

シロップを含ませる生地 
シロップや酒を含ませて食べるのがババ本来の食べ方。したがってグルテンの網目をしっかりつくることがポイント。シロップなどに浸すと、網目状組織に水分をしっかり内包し、膨潤する（写真左手）。

シロップの温度 
シロップに浸す(トランペという)場合、生地は完全に冷まし、80℃に温めたシロップに2〜3分浸す（弾力を残したい場合は温度を人肌程度に低くすればよいが、しみこむのに時間はかかる）。
＊シロップは、水1ℓに対して400gのグラニュー糖を沸騰させてつくる。でき上がりは約1200ccになり、糖度はボーメ16°（約30%Brix）になる。

パータ・クロワッサン
Pâte à croissant

卵は少ないが、バターを折りこむリッチな生地
ほかの生地との違いは練りを短めにして
グルテンをあまり出さないこと

分量　10cm長さ約24個分
ドライイースト　12g
└ぬるま湯　60cc
全卵　1個　┐合わせておく
牛乳　200cc┘
材料A
┌フランスパン専用粉(→P94)　500g
│グラニュー糖　60g
└塩　10g
無塩バター(練りこみ用)　50g　常温で柔らかくもどしておく
無塩バター(折りこみ用)　250g　冷蔵庫から出したてを使う
塗り卵(全卵)　適量

1
ぬるま湯で予備発酵させておいた(→P93)イースト、合わせておいた卵と牛乳、材料A、練りこみ用バターをミキサーボウルに入れる。
＊最初からバターを入れてグルテン形成(→P28)を抑え、かつ伸展性をよくする。

2
フックをつけたミキサーで、最初は低速、粉気がなくなれば中速にしてまわす。全体が混ざればよい。
＊グルテンはさほど必要ないので、生地はちぎれて構わない。

3
台上に出し、外側から内側へたたみこむようにして生地をまとめる。ヘソの部分を下にして生地を置く。

4
表面を張らせるように丸め(→P95・9)、バター(分量外)を塗った容器に入れて蓋をし、26～28℃のところで30～40分、約2倍になるまで発酵させる。パータ・ブリオッシュの要領(→P95・11～13)でガス抜きをし、1晩冷蔵発酵させる。

5
折りこみ用バターを麺棒でたたいてから正方形に手早くのばす。打ち粉をし、生地を手でざっと押してから麺棒でバターよりひとまわり大きくのばす。角度をずらしてバターをのせ、生地端を引っ張りながら包む。

6
隣り合う生地の端と端をしっかりとじ合わせ、全体を手のつけ根で押さえて生地とバターを密着させる。

7
生地の奥と手前を麺棒で押さえておく。
＊バターが飛び出さないように固定するために、押さえる。

8
中央から手前と奥に向かってそれぞれのばしていく。
＊打ち粉はあまりしないほうがよい。まめに生地の下に手を入れて、生地をずらしながらのばす。

クロワッサンの成形

9 手前と奥から、さらに左右から中央に向けても麺棒を軽く転がす。
＊端に残ったバターを中央にのばしもどし、厚さ、固さを均一にする。

10 生地を手前、奥の順に三つ折りにする。折るたびに生地の端を麺棒で押さえて、バターがずれないように固定する。

11 三つ折りにした生地をビニール袋に入れて、空気をなるべく抜いて包み、冷凍庫で30〜40分休ませる。生地をタテ長に置いて、8〜10と同じ要領で三つ折りを計3回行い、そのつど同じように休ませる。

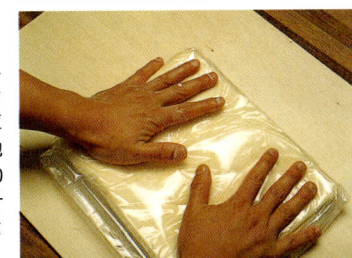

12 休ませた生地をタテ30cm、ヨコ60cmの長方形にのばし（厚さは2.5cmほど）、ヨコ半分にカットする。底辺が10cmの二等辺三角形となるように印をつけてまず1つめを切り、底辺幅に合わせて斜めにカットしていく。

13 三角形の底辺側を向こう側に向けて置き、底辺部分を手前に少し折り返しておく。

14 片方の手で手前の頂点部分を引っ張り、もう一方の掌で底辺部分を押さえながら手前に転がし、生地を途中まで巻く。

15 途中まで巻いたら両手で端を押さえ、最後まで巻いて成形する。
＊途中から両手にするのは、きれいに左右対称にするため。

16 天板などにのせ、風があたらない30〜32℃のところで60〜70分発酵させる。約2倍の大きさになったら塗り卵をハケで塗り、230℃のオーヴンで12〜15分焼く。

ポイント

断面を見ると層になっているのがわかる。バターと生地がきっちり折りこまれて発酵している証拠。焼けるときの蒸気で、バターが溶けたところが膨らみ、層ができる。

イースト菓子の応用菓子

ブリオッシュ・スイス

トゥルト・ア・ラ・クレーム

ポロネーズ

クロワッサン・オ・ノア

ボストック

クロワッサン・オ・ザマンド

パン・オ・ショコラ

トゥルト・ア・ラ・クレーム
Tourte à la crème

分量　直径18cmのセルクル2台分
パータ・ブリオッシュ(→P94)　250g(基本分量の約1/5)
シュトロイゼル
　┌無塩バター　50g　室温で柔らかくもどしておく
　│グラニュー糖　50g
　│材料A
　│　┌シナモン粉　1g、　塩　1g
　│　│バニラの種のみ　1/4本分(またはバニラエッセンス少量)
　│　└レモンの表皮のすりおろし　1/4個分
　└薄力粉　85g
塗り卵(全卵)　少量
クレーム・ドゥーブル、またはサワークリーム　100g
＊クレーム・ドゥーブルは乳酸菌を加えてつくる濃い生クリーム。
生クリーム　35g
クレーム・ディプロマット
　┌カスタードクリーム(→P70)　400g
　│キルシュ　20cc
　└生クリーム　240g
ブラックチェリー(缶詰)　300g
粉糖　適量

1　冷蔵発酵を終えたパータ・ブリオッシュ(→P95・13)をガス抜きして丸め、冷蔵庫で20分休ませる。直径18cmのセルクルに合わせてのばし、型に入れて30～32℃のところで40～50分発酵させる。
2　シュトロイゼルをつくる。バターに砂糖をすり混ぜ、材料Aを加える。さらに薄力粉を加え、指先、掌などでこすり合わせてそぼろ状にし、1の生地が発酵するまで冷蔵庫で休ませておく。
＊シュトロイゼルは多めにつくって、冷凍保存も可能。
3　生地を天板にのせて塗り卵をハケで塗り、親指で数ヵ所に穴をあける。クレーム・ドゥーブルと生クリームを混ぜ、これを口金なしの絞り袋で穴に絞り入れる。
4　シュトロイゼルをふりかけ、200℃のオーヴンで35～45分焼く。アミの上で冷ましておく。
5　クレーム・ディプロマットをつくる(→P71)。柔らかく混ぜもどしたカスタードクリームに、キルシュを加えて混ぜてから、泡立てた生クリームを混ぜる。
6　4の生地をヨコ半分にスライスする。下の生地にクレーム・ディプロマットを太めの丸口金でうず巻状に絞り、汁気を切ったブラックチェリーを全体に散らす。上の生地で蓋をし、粉糖をふる。

ブリオッシュ・スイス
Brioche suisse

分量　直径18cm×高さ4.5cmのセルクル1台分
パータ・ブリオッシュ(→P94)　500g(基本分量の2/5)
アーモンドクリーム(→P78)　125g
　└キルシュ　10cc
＊キルシュをアーモンドクリームに混ぜておく。
フルーツの砂糖漬け(市販)　以下をほぼ同量ずつ混ぜて150g
　┌ラム酒漬けレーズン(→P45)
　│洋ナシ
　│パイナップル
　│ドレンチェリー
　└オレンジピール
＊レーズン以外は1cm角にカットしておく。
塗り卵(全卵)　適量
アプリコットジャム(市販)　適量

1　冷蔵発酵を終えたパータ・ブリオッシュ(→P95・13)をガス抜きして丸め、冷蔵庫で20分休ませる。生地のうち200gを直径27cmに丸くのばし、セルクルの底と側面に敷きこむ(→P54)。余分な生地はカットする。
2　残り300gの生地をタテ35cm、ヨコ18cmにのばし、手前2cmを残してキルシュ入りのアーモンドクリームをパレットで塗り広げる。フルーツの砂糖漬けを散らし、奥から巻き(写真a)、巻き終わりをしっかりとじる。
＊奥の生地端をしっかり手前に折りこんでから巻きはじめ、巻き終わりは手前生地端を引っ張ってとじる。
3　2を小口から6等分にカットし、断面が上になるように1の型にすき間なくきれいに入れる(写真b)。
4　30～32℃のところで50～60分発酵させ、200℃のオーヴンで45分焼く。
5　冷めたら、水少量(分量外)を加えて煮つめたアプリコットジャムを上に塗る。

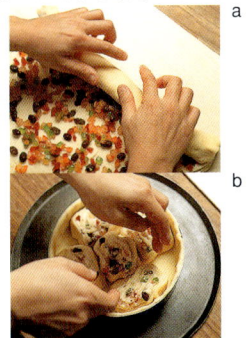

ポロネーズ
Polonaise

分量　8個分
カスタードクリーム(→P70)　250g
　└キルシュ　10cc
フルーツの砂糖漬け(市販)　ほぼ同量ずつ混ぜて100g
＊ブリオッシュ・スイスと同じもの。5mm角にカットする。
ブリオッシュ・ア・テット(→P94)　8個(基本分量の1/5)
＊ただし1個30gに分割して直径8cmの型で焼いたもの。
ボーメ16°(30%Brix)のシロップ　約600cc
＊水1ℓ、グラニュー糖400gを煮溶かし、冷ます。使うとき、80℃に温める。
イタリアン・メレンゲ
　┌グラニュー糖　150g
　│水　50cc
　└卵白　90g
粉糖　適量
直径8cmアルミカップ　8枚

1　カスタードクリームを木ベラでまわし混ぜて柔らかく混ぜもどし、キルシュを加え混ぜる。フルーツの砂糖漬けを飾り用に少し残して同様に混ぜる。
2　ブリオッシュ・ア・テットに高さ半分のところからナイフを入れ、円すい形にくりぬくようにカットする。上下の生地とも温めたシロップに軽く浸し、アミに上げておく。
3　アルミカップに下の生地を入れ、1のクリームをスプーンでくりぬいたところに入れる。上の生地で蓋をする。
4　イタリアン・メレンゲをつくり(→P77)、3の表面にパレットで塗り、小さめの丸口金ででき上がりの写真(→左頁)のように(または好みの形に)絞って飾る。
5　残しておいたフルーツの砂糖漬けを飾り、粉糖をふって230℃の上火のみのオーヴンで焼き色がうっすらつくまで3分ほど焼く。

クロワッサン・オ・ノア
Croissant aux noix

分量　24個分
アパレイユ
　┌ フォンダン（市販、または→P138）　150g
　│ 無塩バター　90g　常温で柔らかくもどしておく
　└ クルミ　300g　粗く刻む
パータ・クロワッサン（→P102）　基本分量
塗り卵（全卵）　適量
飾り用クルミ　適量

1　アパレイユをつくる。40℃くらいになるように湯煎にかけながらフォンダンを木ベラで柔らかくもどし、バターを練りこむ。刻んだクルミを混ぜる。
2　のばして二等辺三角形にカットしたパータ・クロワッサン（→P103・12）1枚ずつに、アパレイユを等分にしたものを丸めて芯にして、基本のつくり方と同じ要領で巻きこんで発酵させる。焼く前に上面に塗り卵をハケで塗って飾り用のクルミをトッピングし、基本どおりに焼く。

ボストック
Bostock

分量　8枚分（直径10cm×高さ12cmのムースリーヌ型1台分）
パータ・ブリオッシュ（→P94）　約200g（基本分量の1/6）
塗り卵（全卵）　適量
粉糖　適量
ボーメ16°（30%Brix）のシロップ（→P105ポロネーズ）　約600cc
アーモンドクリーム（→P78）　80g
アーモンドスライス　50g

1　ムースリーヌ型にバター（分量外）を塗りオーヴンペーパーを貼りつける。
＊ムースリーヌ型は円筒形の型。なければあき缶を使う。
2　冷蔵発酵したパータ・ブリオッシュ（→P95・13）をガス抜きして丸め、ビニールをかぶせて室温で20分休ませる。手に打ち粉をつけてふたたび表面を張らせるように丸め（生地の目を整えるため）、1の型に詰め、30～32℃のところで90～120分発酵させる。
3　上面に塗り卵をハケで塗り、ハサミで十字に切りこみを入れ、180℃のオーヴンで30分焼く。冷ましておく。
4　3の生地を1.5cm厚さにスライスして天板に並べ、上面に粉糖をふり、220℃でカリカリになるまで約7分焼く。熱いうちに温めたシロップに軽く浸し、アミの上で冷ます。
5　それぞれの生地の上にアーモンドクリームをパレットで塗り広げ、アーモンドスライスを散らして200℃のオーヴンで約15分しっかり焼く。冷めたら粉糖をふる。

クロワッサン・オ・ザマンド
Croissant aux amandes

分量　15個分
クロワッサン（→P102）　15個（基本分量の2/3強）
粉糖　適量
ボーメ16°（30%Brix）のシロップ（→P105ポロネーズ）　約800cc
アーモンドクリーム
　┌ 無塩バター　150g　常温で柔らかくもどしておく
　│ 粉糖　150g
　│ 全卵　3個　常温にもどしておく
　│ アーモンドプードル　200g
　└ アマレット　30cc
＊つくっておく（→P78）。アマレットは最後に加え混ぜる。
アーモンドスライス　適量

1　クロワッサンは焼いて冷ましておく（→P103）。シロップを吸わせるので乾燥していたほうがよく、できれば1日おいたものがよい。
＊菓子店では、通常売れ残ったものを使う。
2　クロワッサンを上下半分にスライスし、断面が上になるように天板に並べて粉糖をかけ、220℃のオーヴンでカリカリになるまで約7分焼く。熱いうちに温めたシロップに軽くくぐらせ、アミの上で冷ます。
3　クロワッサンの下半分の切り口に、木目模様の口金（シュマンドフェール→P18）でアーモンドクリームを生地の長いほうに沿って1本絞る。上の生地をのせてもとの形にもどし、今度は短いほうに沿ってクリームを何本か絞る。
4　アーモンドスライスを上に散らし、200℃のオーヴンで約20分焼く。

パン・オ・ショコラ
Pain au chocolat

分量　18個分
パータ・クロワッサン（→P102）　基本分量
デニッシュ用チョコレート（6×2.5cm、1枚約10g）　18枚
＊焼きこんでも流れ出さないよう調製された加工品。なければスウィートチョコレートでもよい。
塗り卵（全卵）　適量

1　つくって休ませたパータ・クロワッサン（→P103・11）をのばし、タテ11cm×ヨコ9cm（約2.5mm厚さ）に18枚カットする。
2　生地をタテ長に置き、中央にデニッシュ用チョコレートをヨコ長に置いて1～2cmだけ重なるようにゆったりと三つ折りする要領で巻きこむ。
3　30～32℃のところで60～70分発酵させ、塗り卵をハケで塗ってから230℃のオーヴンで12～15分焼く。

おいしく見せる仕上げ方

1 つやを出す

つやを出しておいしそうに見せるとともに
味わいをプラスし、かつ乾燥を防ぐ

アブリコテ abricoter（アプリコットジャムを塗る）
焼き菓子につやと酸味のある甘さをプラスし
乾燥を防ぐ

1 アプリコットジャムにその2割ほど水を加えて沸騰させ、少し煮つめる。1滴落としてさわると、表面が膜状に引っ張られるようになれば（写真）塗る固さ。
＊膜ができて、生地にしみこまない固さになった目安。

2 熱いうちにハケで菓子の表面に塗る。冷めるとやや固くなり、皮膜になる。アマンディーヌ（→P56）、フルーツケーキ（→P49）などの焼き菓子に使う。

ナパージュ Nappage を塗る
ムースにつやと鮮やかさ、フルーツの風味を添える

1 冷やし固めたムースの上にナパージュ（フルーツの上がけ）を流す。
＊フルーツのピュレに、水飴、砂糖、ペクチンを加えてつくる（→P120）か、市販のナパージュを混ぜて使う。

2 パレットで均す。ムースが凍っている場合、ナパージュもすぐに固まるので手早く作業する。その後、型を温めてはずす（→P115）。
＊ナパージュの厚さで味が左右されるので注意。

＊ナパージュのピュレは、ムースに使ったフルーツと同じものを使うことが多い。ムースのほかに、タルトなどに飾るフルーツにかけて、フルーツにつやをつけることもある。

グラス・オ・ロム Glace au rhum、グラス・ア・ロ Glace à l'eau を塗って焼く
パン・ド・ジェンヌ（→P147）、
ウィークエンドなどの焼き菓子に糖衣がけする

1 粉糖150gに、ラム酒（または水を少し加えて）50ccを少しずつ加えて混ぜる。ラム酒の代わりに同量の水を使えばグラス・ア・ロになる。

2 泡立て器からツーッと流れる固さになればよい。
＊分量は厳密には決まっていない。粉糖の3分の1前後の水分を混ぜて、塗れる固さにすればいい。

3 焼いてアブリコテ（→左上）した生地を天板上のアミの上にのせ、グラス・オ・ロム、またはグラス・ア・ロを少しかけてハケで全体に塗る。そのまま180〜200℃のオーヴンに入れる。

4 天板に落ちたシロップがプチプチと泡状になれば、すぐにとり出す（1〜3分）。これがつやが出るタイミングだ。

2 焼き色をきれいに出す

ドレ dorer（溶き卵を塗る）
シューやショソンに表情をつけたり
焼き色を濃くする

A　塗ってそのまま焼く

絞ったシューや焼き菓子に塗り卵を塗って焼くと、濃い焼き色がつく（→P65）。

B　ナッツなどを貼りつけて焼く

シューやサブレ生地などに塗り卵を塗ったあと、アーモンドダイスなどナッツを貼りつけて焼く。

C　パイ生地に筋模様を入れる
レイエ　rayer

1　折りこみ生地でつくるショソンやピティヴィエなどに、溶き卵をハケで塗る。少し乾いたところに2度塗りすることもある。

2　葉脈模様や格子模様の筋をペティナイフで入れて（→P27）焼く。

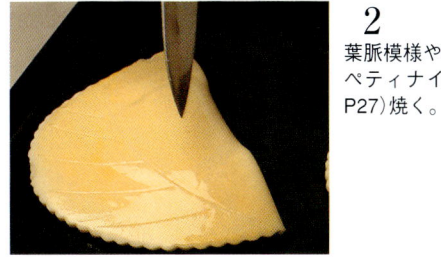

＊塗り卵 dorure は全卵か卵黄を溶き、ときに少量の水や塩などを加えたりしてつくる。

折りこみ生地につやを出す

A　粉糖で
——カラメリゼ caraméliser。
ミルフィーユ（→P62）やショソン、ピティヴィエ（→P63）などに使う。

1　焼き上がった折りこみ生地に粉糖をまんべんなくふる。上火の強いオーヴンで3〜5分焼く。

2　下が粉糖をかけて焼いたもの。光沢があるだけではなく、糖衣の皮膜によって防湿性も出てくる。

B　シロップで
——ショソン、ピティヴィエなどにつやを出し、表情を加える。

いい色に焼き上がったばかりの折りこみ生地に、ボーメ30°のシロップをハケで塗ると、ピカッとつやが出る。

＊ボーメ30°のシロップはグラニュー糖1：水1を加熱して砂糖を溶かし、冷ましたシロップ。

3 糖衣で飾る

グラス・ロワイヤル Glace royale を使う
文字や模様を絞ったり、折りこみ生地に塗って焼く

卵白1：粉糖6の比率を目安に合わせ、ヘラでかき立てるように混ぜる（写真a）。空気を含んで白くふわっとなったら、レモン汁少量を加え混ぜる。レモン汁を加えるとやや白っぽくなり（写真b）、固まりやすくなる。

a 　　　　　　　　　　b

＊応用菓子　レーズンサンド（→P85）、エコセーズ（→157）

A　絞る
紙のコルネに入れて絞って飾る（→P21〜22）。写真はエコセーズ（→P157）
＊ヌガティーヌ（→P151）やチョコレート上に文字や模様を絞る。

B　塗って焼く
コンヴェルサシオンなど折りこみ生地でつくる焼き菓子に塗って焼くと、薄く焼き色がついた糖衣がけになる。

フォンダンをかける
エクレアなどを糖衣がけする

A　直につける

1 固さを調整して色づけしたフォンダン（→右頁）にエクレアをつけ、上下に引っ張るように動かして余分なフォンダンを落とす。

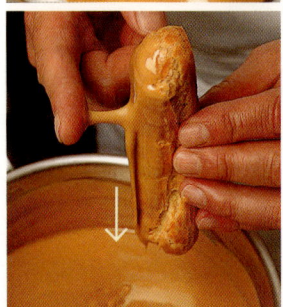

2 1をそのまま立て、指で上から下にたたきながら、さらに余分なフォンダンを落とす。

3 最後につららのように下がったフォンダンを指で切り、エクレアをヨコにする。指でフォンダンの端をぐるりとぬぐい、たれないようにフォンダンの形を整える。

B　ヘラでつける

1 ヘラでフォンダンをすくい、たれ落ちる下にエクレアを用意して、フォンダンを同じ幅でのせていく。

2 端まできたらヘラをもどすようにしてフォンダンを切る。余分なフォンダンを指でぐるりとぬぐう。

フォンダンの使い方

＊フォンダンは市販品、または→P138を使う。

固さを調整する

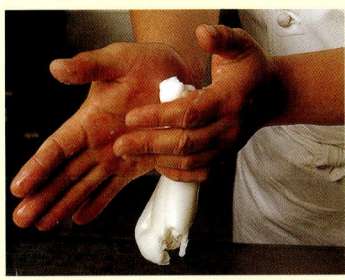

1 フォンダンを手に持てる程度の量ずつとり、もんでのばす。ある程度のびたら二つ折りにして同様にもむ。これをくり返し、握りつぶせる程度に柔らかくする。

2 1を鍋に入れ、シロップを少量ずつ入れてはヘラで練っていく。シロップは砂糖1：水1のボーメ30°のもの（→P109）を使う。

3 シロップをすき間に入れこむ感覚で練る。シロップが見えなくなれば次を入れる。最初はかなり力が必要。「混ぜられる固さ」になれば、弱火（または湯煎）にかける。

4 少し温まれば火からはずして同様に練る。指で確認し、人肌以下（35℃前後）でこれをくり返す。
＊温度が高いと砂糖の結晶が溶け、固まったときにつやが悪くなる。

5 まだ固いが滑らかになり、すくうとリボン状に落ちる固さになればOK。固ければシロップを足す。
＊色をつけずに使う場合は、シロップを足して練り、7の固さに調整する。

色をつける

6 色を見ながらコーヒーエキス（→P139。または溶かしたチョコレートなど）を加え、同様に人肌以下に保ちながらヘラで混ぜていく。ちょうどいい色になるまで加え混ぜる。

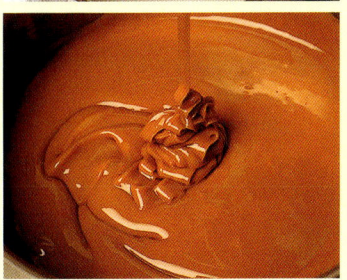

7 「つやが出て、細いリボン状に落ちる」のが、かけられる固さ。色が決まれば微調整。適温を保ちつつ、固ければシロップを加え混ぜる。
＊菓子にフォンダンをかけるときも、35℃前後に温度調整する。

4 表面を焦がす

砂糖＋コテがけ
カラメリゼ caraméliser

1
シブースト（→P73）やクレーム・ブリュレなどに砂糖をかける。
＊砂糖はグラニュー糖、粉糖、カソナード（粗糖）など、お菓子によってさまざま。

2
よく熱しておいたコテをあて、順にカラメル色に焦がしていく。さらに砂糖をかけて焼きゴテをあて、色と皮膜をしっかりつける。
＊コテに砂糖をかけて炎が出れば十分に熱した目安。

＊コテの温度が下がると焦げつきやすく、たくさん煙が出るようになる。コテに焦げがついたら固く絞ったぬれタオルでさっとふき落とし、ふたたび熱して温度が上がればまた使う。砂糖をかけたあと、バーナーで焦がす方法もある。

イタリアン・メレンゲを焦がす
糖分を多く含むのでそのまま熱して焦がす

A　バーナーで焦がす
バーナーで上面、側面とまんべんなく焦がす。バーナーだと、絞ったメレンゲの縁にも焼き色をつけることができる。

B　コテがけする
前もってよく熱しておいたコテをあて、順にカラメル色に焦がしていく。

＊上記の2つの方法のほかに、上火を250℃くらいの高温にしたオーヴンで焼き色をつけることもある。その場合はメレンゲに薄く粉糖をふる（→P105ポロネーズ）。

5 チョコレートでコーティングする

グラッサージュ・ショコラ Glaçage chocolat
チョコレートのグラッサージュ（上がけ）を
ムースなどの凍らせた菓子にかける
＊応用例は→P126

＊グラッサージュ・ショコラの配合、つくり方はさまざま。その1例が上記頁のもの。

全面にかける

冷凍したお菓子に使う。45℃くらいに温度調整したグラッサージュを、バット上のアミにのせた菓子に多めにかけ、余分なものを落とす。

＊お菓子が凍っていないと、溶けてしまったり、生地にしみこんでしまう。45℃くらいのものをかけること。温度が高いと皮膜が薄くなり、低いと厚くなって均一にかかりにくい。全体にかけるときは多めに用意し、下に落ちたものは集めて裏漉せばふたたび使える。

ショコラ・ピストレ Chocolat pistolet
ムースなどにチョコレートを吹きつけて
マット調の仕上がりにする
＊応用例は→P124

＊前もって菓子の周囲をダンボールなどで大きく囲い、周囲が汚れないようにする。

1
同量のクーヴェルチュールとカカオバター（→P129）を約40℃に溶かし混ぜ、目の細かい漉し器で裏漉しながら噴霧器（ピストレ、またはエアー・ガンと呼ぶ）に入れて菓子に吹きつける。

2
ココアをまぶしたように仕上がる。基本的にムースなどの冷凍した菓子に吹きつける。
＊菓子が凍っていないと、霧状のチョコレートがすぐに固まらずに流れてしまう。

6 クラムやナッツ、クラクランなどを貼りつける
生菓子の側面や縁を飾る

生菓子を紙製のカルトンなどの台にのせて手で持ち、手でクラム、クラクラン（→P155）、ナッツを粉砕したものなどを貼りつける。

＊クリームやナパージュ（→P108）、チョコレートでコーティングしたもの、またはムースなど粘着性のあるものにつける。全体にまぶしつけることもある。

ムース
を
つくる

おなじみの冷やして固めるムースは比較的新しい菓子で、「ムース」とは、イタリアン・メレンゲや泡立てた生クリームなど気泡があるものを混ぜて、口あたりを軽くしたもののすべてを指す。
基本的つくり方と呼べる決まりがないので、ここでは比較的ポピュラーなフルーツのピュレとチョコレートを使ったムースを、さまざまな組立て例とともに紹介する。

つくる前に

1 トレイと型の用意

トレイなどにオーヴンペーパーかフィルムなどを敷いて使用型をのせる。底に生地などを敷かず、直接型にムースを流すものでは、型とトレイとの間にすき間があると、もれることがある。トレイはゆがみのない平らなものを選び、すぐに固まるように型ごと冷やしておくのも1つの手。

2 ゼラチンのもどし方

A 板ゼラチンの場合

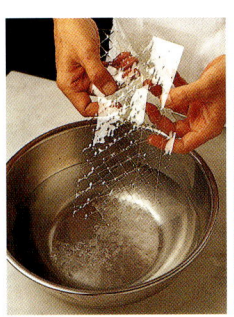

板ゼラチンを氷水に入れて10〜15分ふやかす(写真a)。柔らかくなればよい(写真b)。しっかり水気を切ってから使う。

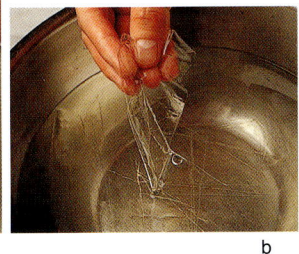

B 粉ゼラチンの場合

粉ゼラチンの5〜6倍量の水にゼラチンをふり入れ、ダマにならないようにすぐによく混ぜる。左のようにひと塊になればOK(写真c)。

a b c

3 ゼラチンの溶かし方

もどしたゼラチンは湯煎で溶かすか、温かいアングレーズソースなどベースのアパレイユに直接入れて余熱で溶かし混ぜる。ゼラチンを加えてから加熱すると固まる力が弱まる。湯煎で溶かす場合は50〜60℃がのぞましい。

4 冷やし固める

冷蔵庫か冷凍庫で冷やし、固まればよい。ただし、ナパージュやグラッサージュなどをかけて仕上げる場合は、冷凍したほうが作業しやすい。一般に冷蔵庫か冷凍庫で1晩(ショックフリーザーならもう少し短い時間)おいてしっかり固める。

5 型のはずし方

冷凍庫などで冷やし固めたムースを、それより小さい缶かボウルにのせ、バーナーでセルクルなどの型の側面を温める(写真d)。型を下にずらしてはずす(写真e)。

d e

フルーツのムース

A ピュレベースでつくる
――ピュレ＋生クリーム＋イタリアン・メレンゲ

ピュレにしたフルーツの味を
ストレートに感じさせるつくり方

ムース・オ・フリュイ・ルージュ――赤いフルーツのムース
Mousse aux fruits rouges

分量　ムース・オ・フリュイ・ルージュ参照（→P120）
フリュイ・ルージュのピュレ（冷凍）　500g
＊フリュイ・ルージュは赤いフルーツという意味。
　イチゴ、フランボワーズ、フレーズ・デ・ボワ（野イチゴ）
　などをブレンドしたもの。冷蔵、または常温で解凍しておく。
ゼラチン　8g　もどしておく（→P115）
生クリーム（乳脂肪分38％）　250g
イタリアン・メレンゲ　120g
＊使う直前につくる（→P77）。

1
ピュレは冷蔵、または常温で解凍しておく。ピュレの一部ともどしておいたゼラチンをボウルに入れ、湯煎にかけて混ぜながら溶かす。

2
1を残りのピュレに混ぜながらもどし入れる。
＊熱で変色するので、ピュレの一部だけを湯煎にかけてゼラチンを溶かす。

3
生クリームを角が立つまでしっかり泡立て、つくりたてのイタリアン・メレンゲを加え、泡立て器で下からすくうようにざっと混ぜる。
＊ムースの場合は軽めの仕上がりにするために生クリームは乳脂肪分の低いものを使うことが多い。以下同様。

4
2のピュレを加え、切るように混ぜる（→P14）。

5
ざっと混ざったらゴムベラに持ち替え、底や側面をすくって、混ぜ残しがないようにする。空気を含んで滑らかな状態。型に仕込んで冷やし固める。

B アングレーズソースベースでつくる
――ピュレでつくるアングレーズソース+生クリーム+イタリアン・メレンゲ

個性が強いフルーツのピュレの場合
卵黄が入るアングレーズソースで味を和らげる

パッションフルーツのムース
Mousse aux fruits de la Passion

分量　ココ・パッション参照(→P122)
ピュレのアングレーズソース
　パッションフルーツのピュレ(冷凍)　300g
　　＊冷蔵、または常温で解凍しておく。
　卵黄　4個
　脱脂粉乳　30g
　グラニュー糖　50g
ゼラチン　10g　もどしておく(→P115)
生クリーム(乳脂肪分38%)　500g
イタリアン・メレンゲ　120g
　＊使う直前につくる(→P77)。

1 ピュレのアングレーズソースをつくる。解凍したピュレを鍋に入れて火にかける。ボウルに卵黄と脱脂粉乳、砂糖を入れ、白っぽくなるまでまわし混ぜる。

2 ピュレが沸騰したら少量を卵黄のボウルに注ぎ、まわし混ぜる。柔らかくなってなじんだら、残りのピュレを入れて同様に混ぜ、ピュレの鍋にもどす。

3 2の鍋を中火にかけ、底をこそげるように混ぜながら加熱してとろみをつける。温度計を差し、83℃になれば火からはずす。

4 もどしたゼラチンを加えて混ぜ溶かす。これを別のボウルに漉す。

5 ボウルに入れた氷水にあて、液が冷たくなるまでゴムベラで混ぜる。とろみが増して生クリームと同じくらいの濃度になればよい。

6 左頁の3～5と同じ要領で、泡立てた生クリームとイタリアン・メレンゲに5を加え混ぜる。空気を含んで滑らかになれば、型に仕込んで冷やし固める。

チョコレートのムース

A パータ・ボンブベースでつくる
―― ブラックチョコレート＋パータ・ボンブ＋生クリーム

卵黄でチョコレートのコクを高める

チョコレートのムース
Mousse au chocolat

分量　シシリアン参照（→P124）
パータ・ボンブ
├ 卵黄　4個
├ ボーメ30°のシロップ　130g
└ ＊グラニュー糖1：水1を加熱して砂糖を溶かし、冷ましたシロップ。
生クリーム（乳脂肪分38％）　500g
ブラックチョコレート　250g
＊湯煎で45〜50℃になるように溶かしておく。

1
湯煎法でパータ・ボンブをつくる。ボウルに卵黄をほぐしておき、温めたシロップを少しずつ入れながら泡立て器でよく混ぜる。

2
湯煎（火はつけたまま）にかけて泡立て器の跡が残るまで、加熱しながら混ぜ続けてとろみをつける。温度計を差して83℃になれば火からおろして、ボウルに漉す。

3
ミキサーの高速で冷めるまで攪拌する。つやが出て、ふんわりとしたリボン状になればパータ・ボンブのでき上がり。

4
生クリームを角が立つくらいにしっかり泡立て、その一部を溶かしたチョコレートに加えて泡立て器で手早くまわし混ぜる。
＊あとで混ぜるパータ・ボンブに近い固さにする。

5
3のパータ・ボンブをすべて入れて、切るように混ぜる（→P14）。ざっと混ざればよい。

6
残りの生クリームを少量ずつ入れては同様に混ぜる。
＊チョコレートのカカオは冷やすと固まる性質があり、冷たい生クリームを一気に入れるとダマになりやすい。

7
混ぜ残しがないように最後に生クリームのボウルにもどして上下をひっくり返し、ゴムベラに持ち替えて底や側面をすくい混ぜる。空気を含んで滑らかな状態。型に仕込んで冷やし固める。

B アングレーズソースベースでつくる
―― ホワイトチョコレート＋アングレーズソース＋生クリーム

繊細な味、やさしい味を
アングレーズソースで補う

ホワイトチョコレートのムース
Mousse au chocolat blanc

分量　アンティーユ参照(→P126)
アングレーズソース
　┌ 生クリーム(乳脂肪分38%)　120g
　├ 卵黄　3個
　└ グラニュー糖　50g
ホワイトチョコレート　360g
＊湯煎で40℃くらいになるように溶かしておく。
ゼラチン　8g　もどしておく(→P115)
生クリーム(乳脂肪分38%)　600g

1
牛乳の代わりに生クリームを使い、バニラを入れずにアングレーズソースをつくる(→P79)。

2
83℃になってとろみがついたら火を止め、もどしたゼラチンを加え、混ぜ溶かす。
＊ホワイトチョコレートは凝固力が弱いので、ゼラチンで補う。

3
溶かしておいたホワイトチョコレートに2を漉し入れ、泡立て器でまわし混ぜる。ボウルに入れた氷水にあて、混ぜながら冷やす。

4
生クリームをリボン状に落ちる程度に柔らかめに泡立て、チョコレートのボウルに少量ずつ入れて切るように混ぜる。
＊生クリームは合わせるものに近い固さに泡立てる。

5
混ぜ残しがないように生クリームのボウルにもどして上下をひっくり返し、ゴムベラに持ち替えて底や側面をすくい混ぜる。滑らかでやや柔らかめに仕上がる。型に仕込んで冷やし固める。

フルーツのムース──ピュレベース応用菓子
ムース・オ・フリュイ・ルージュ
Mousse aux fruits rouges

酸っぱい赤いフルーツのムースと
中に仕込んだミルキーなクリームのバランスがいい

分量　直径18cmのセルクル2台分
ホワイトチョコレートのシブーストクリーム
＊15cmのセルクル2個を用意する。
　イタリアン・メレンゲ
　　┌グラニュー糖　150g
　　└水　40cc
　　卵白　90g
　カスタードクリーム
　　┌牛乳　250cc
　　　卵黄　2個
　　　グラニュー糖　120g
　　└カスタードパウダー（市販）　40g　ふるう
　ゼラチン　4g　もどしておく（→P115）
　ホワイトチョコレート　150g
　＊湯煎で40℃くらいになるように溶かしておく。
パータ・デコール（飾り用生地）
＊ペーニュを用意する。ペーニュはくし形に切りこみを入れた
　板状の道具で、飾り用に使う。
　┌無塩バター　50g　常温で柔らかくもどしておく
　　粉糖　50g
　　卵白　40g
　　薄力粉　50g　ふるう
　　食紅　適量
　└＊少量の水で溶いておく。
ビスキュイ・ジョコンド（→P40）　基本分量
ムース・オ・フリュイ・ルージュ（→P116）　基本分量
フリュイ・ルージュのナパージュ（上がけ）
　┌フリュイ・ルージュのピュレ（→P116）　250g
　　＊常温、または冷蔵でもどしておく。
　　水飴　10g
　　グラニュー糖　50g ┐混ぜ合わせておく
　　ペクチン（LM）　3g ┘
　└＊低メトキシル基ペクチン。
　　いろいろな用途の製品がある。
プラケット・ショコラ（飾り用。→P133）　適量
エヴァンタイユ・ショコラ（飾り用。→P132）　適量
イチゴ、グロゼイユ（赤スグリ）、フランボワーズ　各適量
ミントの葉　適量
ナパージュ・ヌートル（市販）　適量
＊フルーツを原料とした透明でゼリー状の上がけ。

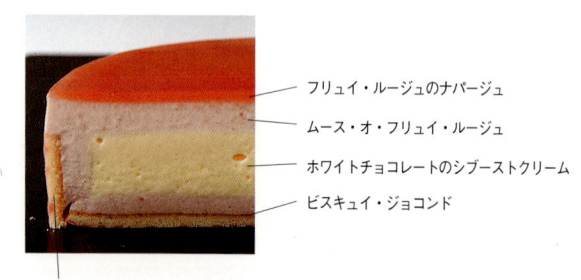

パータ・デコールつきビスキュイ・ジョコンド

- フリュイ・ルージュのナパージュ
- ムース・オ・フリュイ・ルージュ
- ホワイトチョコレートのシブーストクリーム
- ビスキュイ・ジョコンド

1　ホワイトチョコレートのシブーストクリームをつくる。シブーストクリームの要領（→P72）で、温かいイタリアン・メレンゲと、できたてのカスタードクリームにゼラチンを混ぜたものを合わせてつくる。ただし、カスタードクリームはバニラスティックを使わず、薄力粉をカスタードパウダーに替えてつくり、ゼラチンといっしょにホワイトチョコレートを加え混ぜる。
＊カスタードパウダーは香料などを含んだカスタード用のミックスパウダー。
2　直径15cmのセルクルに流し（約1.5cm厚さ）、冷凍庫で冷やし固める。
3　パータ・デコールをつくる。バターを泡立て器でまわし混ぜて柔らかいクリーム状にし、粉糖を加えて混ぜる。溶いた卵白を何回かに分けて加え混ぜ、完全に混ざったら薄力粉を加えて同様に混ぜる。最後に水で溶いた食紅を加え混ぜ、ピンク色に着色する。
4　40×60cmのシルパットをヨコ長に置き、手前10cm幅にパータ・デコールを流し、ペーニュで斜めに筋模様をつける。筋模様と直角に竹串などで等間隔に線をつけて模様にする。これを天板にのせ、冷凍庫で固める。
＊40×60cmのシルパット、天板がない場合は30cm角のもの2枚を使う。ペーニュはのばした生地に奥からあてて引き、筋目模様をつける。
5　基本どおりにビスキュイ・ジョコンドをつくり（→P40）、凍った4の天板に基本どおりに流して焼く（→P40）。冷ましておく。
6　生地のパータ・デコールをつけた部分から3×57cmの帯状に2本、模様がない部分から直径17cmの円形2枚を切りとり、型に敷きこむ（→右頁）。
7　ムース・オ・フリュイ・ルージュをつくり（→P116）、型の3分の1まで入れる。
8　2のホワイトチョコのシブーストクリームと残りのムースを入れて型いっぱいにして組み立て、冷蔵庫か冷凍庫で冷やし固める。
9　フリュイ・ルージュのナパージュをつくる。鍋にピュレと水飴を入れて沸騰させ、砂糖とペクチンを混ぜ合わせたものを少しずつふり入れて2〜3分沸かす。粗熱をとる。
10　8の上面にナパージュを流し、パレットで均す（→P108）。型をはずし（→P115）、チョコレートの飾り、フルーツ、ミントなどを好みで飾る（ちなみにフランボワーズの上に紙のコルネ（→P21）でしずくのように絞ってあるのはナパージュ・ヌートル）。

ムースの組立て方—1

仕上がりと同じ順に下から仕込む
——側面に生地を巻くときなどに便利

1 ビスキュイを側面用は型の直径×3.14強の長さ（長さが足りなければつぎ足してもよい）、型の高さの4分の3くらいの幅の帯状にカットする。底用には型よりひとまわり小さく円形にカットする。

2 側面用生地は焼き目を内側にして丸めて型に入れ（パータ・デコールの模様が外側）、側面に沿わせる。きつめに入れ、つなぎ目を合わせる。底用の生地は焼き目を上にして敷く。

3 ムースを型の約3分の1まで入れ、センター用に小さくつくって固めたクリームやバヴァロワ、ジュレ（左頁ではホワイトチョコレートのシブーストクリーム）を入れて押さえ、空気を抜く。

4 さらに残りのムースをいっぱいに入れ、パレットで中心から外に向かって均してはまわし、余分なムースをのぞく。

5 最後に長めのパレットで均して表面をきれいにし、冷凍庫などで冷やし固める。型を温めてはずし（→P115）、仕上げる。

フルーツのムース──ピュレのアングレーズソースベース応用菓子

ココ・パッション
Coco-Passion

ともにトロピカルな材料を使った
ブランマンジェとムースの組合せ

分量 幅21cmの六角形セルクル2台分
ガナッシュ(→P80) 少量
＊ボワゼットを用意する。
ココナッツ入りパータ・ジェノワーズ 40×60cm天板1枚分
＊なければ30cm角2枚で焼く。
┌ 全卵 6個
│ グラニュー糖 200g
│ 薄力粉 180g ┐合わせてふるう
│ ココナッツ・ファイン 60g ┘
│ ＊ココナッツを細かく粉砕した市販品。
└ 無塩バター 80g 湯煎で溶かしておく
パッションフルーツ風味のシロップ 下記を混ぜておく
┌ シロップ(→P35) 50cc
└ パッションフルーツのピュレ(冷凍) 45g
　＊冷蔵、または常温で解凍しておく。
ココナッツ風味のブランマンジェ
＊直径18cmのセルクル2個を用意する。
┌ 牛乳 500cc
│ ココナッツ・ファイン 150g
│ グラニュー糖 200g
│ ゼラチン 10g もどしておく(→P115)
│ キルシュ 10cc
└ 生クリーム(乳脂肪分38％) 300g
パッションフルーツのムース(→P117) 基本分量
ナパージュ(市販) 適量
ココナッツ・ファイン(飾り用) 適量
　＊天板に広げ、170〜180℃のオーヴンで5〜6分、うっすらと
　　色がつく程度にローストして冷ましておく。
飾り用チョコレート(らせん形。→P131) 適量
パッションフルーツ 1個 半割にカット
セルフィーユ 適量

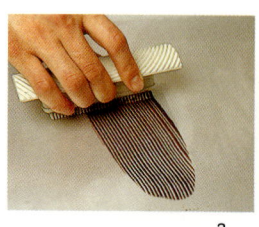

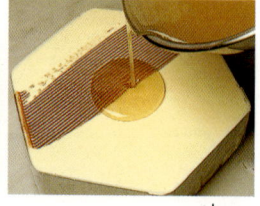

1　トレイにアルコールを吹きつけ、フィルムを貼る。つくったガナッシュ少量をフィルム上に流し、ボワゼットの反対側で筋状にのばす(写真a)。型をのせてトレイごと冷やしておく(→右頁・1)。
＊ボワゼットはゴム製の木目模様をつける道具で、反対側はくし状の突起がついている。
2　ココナッツ入りパータ・ジェノワーズをつくる。ココナッツ・ファインは薄力粉と合わせて用い、基本どおりにつくる(→P32・1〜4)。オーヴンペーパーを敷いた40×60cmの天板にのばす(→P16)。生地の厚さは1cmほどになる。200℃のオーヴンで12〜15分焼く。冷めたら使用型の形に2枚切り抜く。
3　ココナッツ風味のブランマンジェをつくる。牛乳を沸かし、ココナッツ・ファインと砂糖を入れて再沸騰させてから火を止め、蓋をして10分ほどおいてココナッツの香りを牛乳に移す。この牛乳を漉して少し温め(50〜60℃)、もどしたゼラチンを加え混ぜて溶かす。
4　氷水にあてて混ぜながら冷やし、粗熱がとれたらキルシュを加え混ぜる。生クリームをリボン状に流れる程度に泡立てて加え、ゴムベラで切るように混ぜる(→P14)。トレイにのせて冷やしておいた直径18cmのセルクルに流し、冷凍庫で冷やし固める。
5　パッション・フルーツのムースをつくる(→P117)。
6　右頁を参照して4のブランマンジェと5のムースを入れ、パッションフルーツ風味のシロップを塗った生地で蓋をして組み立て、冷蔵庫か冷凍庫で冷やし固める。
7　ナパージュに水少量(分量外)を加えて煮つめ、粗熱をとる。6をひっくり返してフィルムをはずし、上面に流してパレットで均す(写真b。→P108ナパージュ)。
8　型をはずす(→P115)。ムースを紙のカルトンなどの台にのせて手に持ち、ローストしたココナッツ・ファインをムースの側面に手で貼りつける(→P113)。パッションフルーツは種を上に少し散らし、その実と飾り用チョコレート、セルフィーユを飾る。

a　　b

ローストしたココナッツ・ファイン
ナパージュ
パッションフルーツのムース
ココナッツ風味のブランマンジェ
ココナッツ入りパータ・ジェノワーズ

ムースの組立て方―2

逆さに仕込む(仕込んだときの底が上面になる)
―― 上面をしっかり平らに仕上げたいときに最適

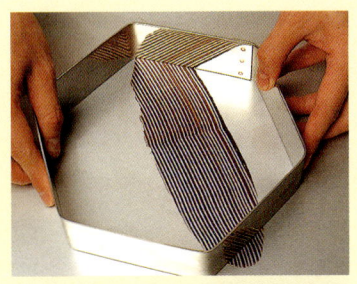

1
トレイにアルコールを吹きつけ、フィルムを貼る。ガナッシュなどで模様を描き、型をのせてトレイごと冷やしておく。
＊上面を平らに仕上げたいときに、逆さ仕込みは有効。

2
ムースを型の半分くらいまで入れ、表面をスプーンの背でたたいて空気を抜き、底の筋模様の間もしっかり埋める。センターに入るものが外から見えないように側面にムースをせり上げる。

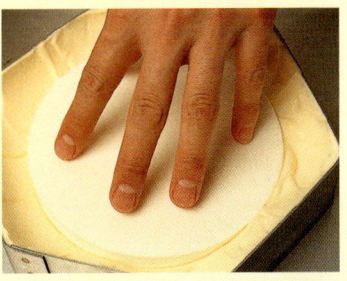

3
センター用に小さくつくって固めたクリームやバヴァロワ、ジュレ(左頁ではブランマンジェ)を入れて押さえ、さらに残りのムースを9分めまで入れてスプーンで均す。

4
シロップを塗った生地を焼き目を下にしてのせ、手で押さえる。
＊見えている生地側が底になる。生地の焼き目側は皿や台にくっつきやすいので、ムース側にする。

5
アミで押して平らにし、パレットで均してはみ出た余分なムースをのぞく。そのまま冷凍庫などで冷やし固め、ひっくり返して型をはずし(→P115)、仕上げる。
＊底だったほうが上面に。

チョコレートのムース——パータ・ボンブベース応用菓子

シシリアン
Sicilien

ピスタチオがチョコレートのコクをあと押しする
リッチな味わいのムース

分量　30×40cmのキャドル1台分
ビスキュイ・ザッハ　40×60cm天板1枚分
- 無塩バター　130g　常温で柔らかくもどしておく
- 粉糖　130g
- 卵黄　8個
- チョコレート　130g
  *湯煎で45～50℃になるように溶かし、使うときに35℃以下に調整する。
- メレンゲ
  - 卵白　240g
  - グラニュー糖　160g
- 薄力粉　160g　ふるう

ピスタチオのバヴァロワ
- ピスタチオのアングレーズソース
  - 牛乳　250cc
  - ピスタチオペースト（市販）　80g
  - グラニュー糖　50g
  - 卵黄　4個
- ゼラチン　6g　もどしておく（→P115）
- キルシュ　20cc
- 生クリーム　300g

チョコレートのムース（→P118）　基本分量

ショコラ・ピストレのアパレイユ
- クーヴェルチュール（→P129）　200g
- カカオバター（→P129）　200g
  *ともに湯煎で45～50℃に温めて溶かしておく。

飾り用チョコレート（らせん形。→P131）　適量
プラケット・ショコラ（飾り用。→P133）　適量
ガナッシュ（→P80）　適量
金箔　適量

1　ビスキュイ・ザッハをつくる。ボウルに入れたバターを泡立て器で白っぽくなるまでまわし混ぜる（→P14）。粉糖、卵黄、溶かしたチョコレートを順に入れてそのつど同様によく混ぜる。
*チョコレートは人肌以下の35℃くらいにして混ぜる。これより高いとバターが溶けて気泡が入らない。

2　卵白とグラニュー糖を泡立てて角がゆれるくらいに柔らかめのメレンゲをつくり（→P12）、少量を1に加えて泡立て器でよく混ぜる。残りのメレンゲを加えてゴムベラで切るように混ぜる（→P14）。薄力粉も加えて同様に混ぜる。オーブンペーパーを敷いた40×60cmの天板に流し、200℃のオーヴンで約15分焼く。焼けたら天板からはずして紙ごと冷ましておく。冷めたら半分に切って30×40cmを2枚とる。

3　ピスタチオのバヴァロワをつくる。まずアングレーズソースを炊く。牛乳にピスタチオペーストと砂糖の半量を入れて沸騰寸前まで加熱し、卵黄に残りの砂糖を加えて白っぽく泡立てたところに入れて混ぜる。これを牛乳の鍋にもどして中火にかけ、アングレーズソースの要領で炊いてとろみをつけ（→P79・3～5）、火からおろす。

4　もどしたゼラチンを入れて混ぜ溶かし、ボウルに漉して氷水にあてて混ぜながら冷ます。冷めたら氷水をはずし、キルシュを加えてヘラで混ぜる。生クリームをリボン状に流れる程度に泡立てて加え、ゴムベラで切るように混ぜる。

5　チョコレートのムースをつくる（→P118）。

6　右頁を参照して生地1枚を敷きこんで、4のバヴァロワ、生地、5のムースの順に入れて組み立て、スプーンの背で押して模様をつけ（写真a）、冷凍庫で冷やし固める。
*8で吹きつけるショコラ・ピストレを固めるため、冷凍庫またはショックフリーザーで固める。

7　ショコラ・ピストレのアパレイユの材料を混ぜ、漉しながら噴霧器に入れる。凍った菓子を出してダンボールなどで囲い、ショコラ・ピストレを吹きつける（→P113）。

8　型をはずし、好みの大きさにカットする。好みで飾り用チョコレートとプラケット・ショコラを折ってのせ、紙のコルネ（→P21）でガナッシュを絞り、金箔を飾る。

ムースの組立て方—3

キャドルで仕込む
——四角い枠に順に重ね入れていく。1度にたくさん仕込める

1
トレイにオーヴンペーパーなどを敷いた上に枠を置く。生地を焼き目を上にして底に敷き、クリームやバヴァロワ、ムースなど（左頁ではバヴァロワ）を流してアングルパレット（→P16）で隅まで均す。

2
もう1枚の生地を焼き目を下にして入れる。

3
ムースを流し、1と同様に均す（左頁ではスプーンの背で模様をつけた）。冷蔵庫か冷凍庫でしっかり冷やし固める。固まればムースの周囲に包丁を入れて枠をはずし、仕上げる。

チョコレートのムース——アングレーズソースベース応用菓子

アンティーユ
Antilles

マイルドなホワイトチョコレートのムースに
レーズンの酸味、カラメルの苦味がおいしいアクセント

分量　直径11cmドーム形15個分
＊直径11cmドーム形フレキシパン(→右頁)を用意する。
パータ・ダッコワーズ(→P43)　基本分量
カラメルのバヴァロワ
＊直径5cm円形のフレキシパンを用意する。
　カラメルソース
　　水飴　35g
　　グラニュー糖　65g
　　無塩バター　25g
　　生クリーム(乳脂肪分38％)　100g
　卵黄　3個
　ゼラチン　5g　もどしておく(→P115)
　生クリーム(乳脂肪分38％)　250g
ホワイトチョコレートのムース(→P119)　基本分量
ラム酒漬けレーズン　5〜8粒／1個
＊湯でもどしたレーズンをラム酒に1週間以上浸しておく。
グラッサージュ・ショコラ
　水　250cc
　グラニュー糖　360g
　生クリーム(乳脂肪分38％)　240g
　ココア　120g
　ゼラチン　20g　もどしておく(→P115)
白いグラッサージュ
　牛乳　50cc
　生クリーム(乳脂肪分38％)　40g
　ボーメ30°のシロップ　50g
　　＊グラニュー糖1：水1を加熱して砂糖を溶かし、
　　　冷ましたシロップ。
　酸化チタン(薬局で販売)　5g
　水飴　20g
　ホワイトチョコレート　250g
　　＊湯煎で40℃くらいになるように溶かしておく。
　ゼラチン　3g　もどしておく(→P115)
エヴァンタイユ・ショコラ(飾り用。→P132)　適量
金箔　適量

a

- グラッサージュ・ショコラ
- ホワイトチョコレートのムース
- カラメルのバヴァロワ
- ラム酒漬けレーズン
- パータ・ダッコワーズ

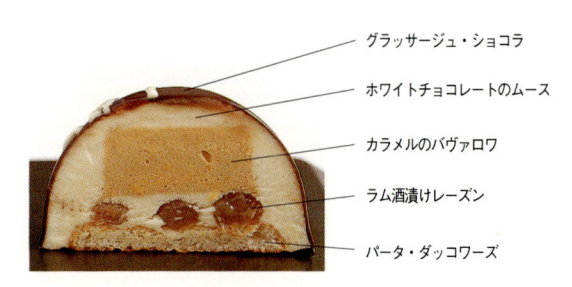

1　基本どおりにパータ・ダッコワーズをつくり(→P43)、シルパット上に口径13mmの丸口金で直径7.5cmのうず巻状に15個絞る。粉糖をたっぷりふって200℃のオーブンで10分ほど焼く。
2　カラメルのバヴァロワをつくる。カラメルソースをつくる(→P79。バターは生クリームといっしょに加える)。火からはずして卵黄を加えてヘラでよく混ぜ、ふたたび中火にかけてアングレーズソースの要領(→P79)で、83℃まで混ぜながら加熱してとろみをつける。とろみがついたら、もどしたゼラチンを加え混ぜて溶かし、ボウルに漉して氷水にあて、混ぜながら冷ます。
3　生クリームをリボン状に流れるくらいの固さに泡立て、2に少しずつ加えて泡立て器で切るように混ぜる(→P14)。最後に生クリームのボウルに移し、ゴムベラに持ち替えて底をさらうように混ぜる。太めの丸口金で直径5cmの円形フレキシパンに15個絞り(厚さは2cmほどになる)、冷凍庫で冷やし固める。
4　ホワイトチョコレートのムースをつくる(→P119)。
5　右頁を参照して直径11cmのフレキシパンにムースと型からはずしたバヴァロワ、ラム酒漬けレーズンを入れてダックワーズ生地をのせて組み立て、冷凍庫で冷やし固める。
＊グラッサージュをきれいにかけるため、冷凍庫かショックフリーザーで固める。
6　2種類のグラッサージュをつくる。グラッサージュ・ショコラは、ゼラチン以外の材料を鍋に入れて沸騰させてボウルに漉し、少し冷ましてからもどしたゼラチンを加えて混ぜ溶かしてつくる。白いグラッサージュは、ホワイトチョコレートとゼラチン以外の材料を沸騰させてボウルに漉し、溶かしたチョコレートともどしたゼラチンを加えて上記と同様に混ぜ溶かす。
7　右頁の5を参照して凍った4のムースを型からはずしてひっくり返し、バットにのせたアミに並べる。45℃くらいに調整したグラッサージュ・ショコラをかける(→P113)。白いグラッサージュを同様に温度調整し、ヘラでふりかける(写真a)。エヴァンタイユ・ショコラと金箔を飾る。

ムースの組立て方—4

フレキシパンで仕込む
―― はずしやすい型で逆さに仕込む

＊フレキシパンはシリコン製の型。柔らかく型はずれがよい。耐熱温度帯が広く、冷凍庫でもオーヴンでも使える。

1
フレキシパンをトレイの上にのせ、太めの丸口金でムースを型の半分の高さまで絞り入れる。スプーンの背でムースを側面にすり上げ、2でセンターに仕込むものがはみ出ないようにする。

2
センター用に小さくつくって固めたクリームやバヴァロワ、ジュレなど（左頁ではカラメルのバヴァロワ）を入れて押さえ、さらに残りのムースをひと絞りしてスプーンで均す。

3
レーズンなどを散らしてムースを9分めまで絞り、同様に均す。型よりひとまわり小さくつくった生地を焼き目を下にしてのせる。

4
アミをのせ、下からフレキシパンを押さえながらアミを押して平らにする。パレットで均して、はみ出た余分なムースをのぞく。

5
トレイごと冷凍庫で冷やし固める。型を下から押してひっくり返し、型からはずして仕上げる。
＊型を押してひっくり返すだけではずれるので便利。

チョコレートを使う

チョコレートというもの

カカオ豆（カカオマス）の成分

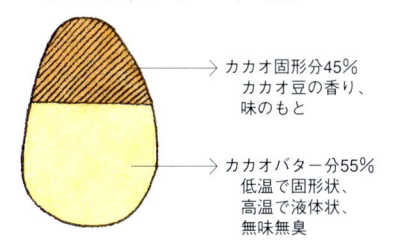

→ カカオ固形分45%
カカオ豆の香り、
味のもと

→ カカオバター分55%
低温で固形状、
高温で液体状、
無味無臭

チョコレートはカカオ豆を原料とする。
カカオ豆をペースト状にしたものはカカオマスと呼ばれ、
香りのもととなる成分「カカオ固形分」45%と、
低温で固形状、高温で液体状となる油脂「カカオバター」55%からなる。
このカカオ豆に糖分やバニラなどの香料、
乳化を助けるレシチンなどを加えてチョコレートがつくられる。
こうしてつくられたチョコレートのうち、
カカオ固形分とカカオバターを合わせたものを「カカオ分」といい、
その比率を%で表わす。製菓で使う代表的なカカオ製品は
以下の5種類（イラスト参照）。
なお、チョコレートは温度の影響を受けやすいので、
室温を18℃にして作業するのが理想的だ。

カカオマス pâte de cacao
カカオ豆をペースト状にしたもの。またはそれを固形状に固めて製品化したもの。糖分、香料などを加えず、チョコレートの苦味や香りを足したいときなどに使われる。

クーヴェルテュール couverture
カカオマスに糖分、香料のほか、さらにカカオバターを添加することで流動性を持たせたもの。
ミルクタイプ：さらに粉乳が加えられる。
ホワイトタイプ：カカオバターと糖分、香料、粉乳などからつくる。カカオ固形分は入らない。

ショコラ・ガナッシュ chocolat ganache
ガナッシュ用チョコレート。カカオマスに糖分、香料などを添加してつくったもの。カカオバターを余分に添加するクーヴェルテュールと比べて流動性に乏しく、コーティング用としては不向き。主にボンボン・ショコラのセンターなどのガナッシュに使われる。

パータ・グラッセ pâte à glacer
「洋生チョコレート」とも呼ぶ。カカオバターの代わりにパーム油などの植物性油脂を加えて、のびをよくしたもので、主にコーティング用。テンパリング（→P130）を行なわなくても適温で溶かせばきれいに固まるが、代用油脂が入るために香りは劣る。使うときにクーヴェルテュールを加えて風味を補うこともある。

ココア cacao en poudre
カカオ豆からカカオバターを絞りとった残りを粉末にしたもの。

クーヴェルテュールの成分

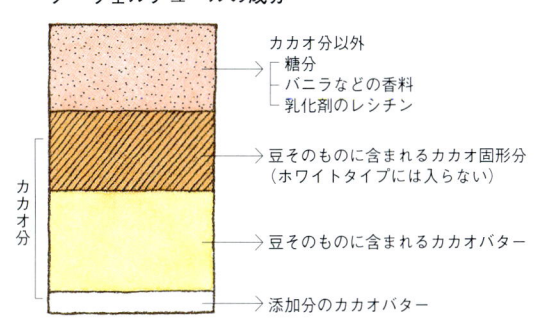

カカオ分以外
→ 糖分
→ バニラなどの香料
→ 乳化剤のレシチン

カカオ分
→ 豆そのものに含まれるカカオ固形分
（ホワイトタイプには入らない）

→ 豆そのものに含まれるカカオバター

→ 添加分のカカオバター

＊ミルクタイプは「カカオ分以外の成分」としてさらに粉乳が入る。
＊ホワイトタイプはカカオ固形分を入れずにつくり、粉乳などが入る。

パータ・グラッセ（洋生チョコレート）

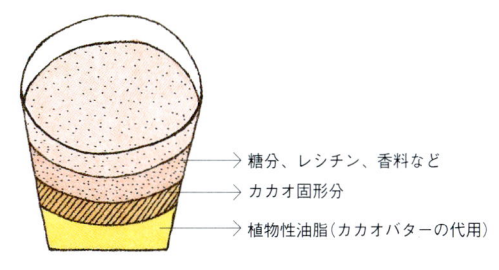

→ 糖分、レシチン、香料など
→ カカオ固形分
→ 植物性油脂（カカオバターの代用）

テンパリング──温度調整
Tempérage

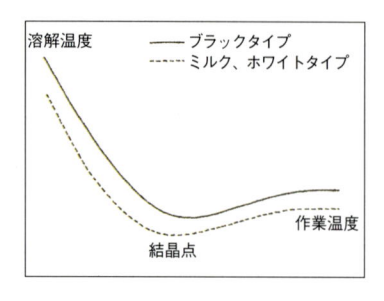

カカオ豆に含まれるカカオバターは、溶かす温度、固める温度によって
結晶タイプ（粒子の並び方）が変わってくる。
溶かして放置するだけだと不安定で不均一な結晶ができ、つやがなくなり、
食べてもざらつくようになる。そこで均一に安定した結晶にするための
温度調整「テンパリング」が必要になってくる。
いったんすべてが溶ける温度でクーヴェルチュールを溶かし、
密で安定した結晶ができる温度（結晶点）まで
クーヴェルチュールを撹拌しながら冷ます。いったんいい形の結晶ができると、
これに連鎖していい状態の結晶が次々にでき、均一に広がっていく。
最後に結晶点から若干温度を上げるが、これはいい結晶状態を保ちながら
少しゆるめ、コーティングなどの作業をしやすくするためである。
主にボンボン・ショコラの被覆などに使う。

分量　作業上500ｇ以上のクーヴェルチュールが必要

1
クーヴェルチュールを45〜50℃にゆっくりと溶かす。溶かす温度は種類、製品によって異なる。一般にブラックタイプは45〜50℃、ミルクとホワイトタイプは40〜45℃くらい。

2
溶かしたチョコレートの4分の3量をマーブル台上に流し、広めのパレット、トライアングル（→P16）などで静かに広げて冷めやすくさせる。

3
広げたら、端からトライアングルなどですくっては、もう1本のパレットでトライアングル両面をリズムよく払い落としながら、チョコレートを中心部に集めていく。

4
2〜3の広げては集めていく作業をくり返し、結晶点に温度を下げる。製品によるが、一般にブラックタイプは27〜28℃、ミルクやホワイトタイプは26〜27℃が結晶点とされる。

5
結晶点まで下げると、もったりして粘りが出てくる。この状態も結晶点まで下がった1つの目安。

6
残りのチョコレートのボウルにもどし混ぜ、30〜32℃（ミルク、ホワイトも）に全体の温度を上げ、被覆などの作業をする。33℃以上になると、せっかくできたいい結晶が壊れるので、テンパリングをやり直す。

チェック方法
厚紙などに塗って固めてチェックする。左がテンパリング成功例。固まると紙から簡単にはずせる。右は失敗例で、テンパリングが不十分で不安定な結晶ができたために滑らかではなく、つやもない。また紙からはずれにくい。テンパリングが不十分な場合、ときに白い模様が浮き出ることがある。これを「ブルーム現象」といい、不安定なカカオバターの結晶が浮き出てきたもの。カカオバター、つまり油脂に由来するので「ファット・ブルーム」という。
また、固めたチョコレートに水分が付着しても白い模様が出る。これは水分が砂糖を溶かし、乾いたときに砂糖が白く結晶化したもの。こちらは「シュガー・ブルーム」という。

飾り用チョコレートをつくる
1 テンパリングしたクーヴェルテュールを使う

らせん形

1 細長くカットしたフィルムに、テンパリングしたクーヴェルテュールを少量のせ、パレットで薄くのばす。

2 コームで筋目模様をつける。

3 フィルムごとらせん形に丸めて、テュイル型またはトヨ型に置いて固める。使うときにフィルムをはがす。

しずく形

パレットの先に、テンパリングしたクーヴェルテュールを少量とり、フィルム上に押しつけながら手前に引いて、しずく形にして固める。

シガレット形

1 マーブル台上に、テンパリングしたクーヴェルテュールをパレットで薄くのばし、周囲をトライアングルなどで削って整える。

2 さわっても手につかなくなり、まだ柔らかいことを確認してから、牛刀（→P26）の刃を「立てて」斜めに削っていく。

筋目模様をつけるときに使うくし状の凹凸がついたコーム。溝の幅は各種ある。

飾り用チョコレートをつくる
2 溶かしたチョコレートを使う

分量　チョコレート　40×60cm天板1枚分で300〜400gを目安に換算する

準備
45〜50℃に温めた天板裏に同じ温度で溶かしたチョコレートを薄く塗り広げ、冷蔵庫に3〜4時間入れて固めておく。冷蔵庫から出して指先で最初の固さを確認しておき、常温でもどす。さわってみて、少し柔らかめになったら作業開始。

A　コポー Copeau

ソール包丁(→P26)をあてて、必要な幅、長さに削りとる。

B　エヴァンタイユ・ショコラ Eventail chocolat

トライアングル(→P16)を下に押しつけるように削り、削った左端を指でたぐり寄せるようにして扇形に。

飾り用チョコレートをつくる
3 プラケット・ショコラ
Plaquette chocolat

色づけしたカカオバターでチョコレートに模様をつけた板状の飾り
好みの形にカットして使う。ここでは3種類の模様を紹介する

分量
クーヴェルチュール　40×60cm天板1枚分で300～400gを目安に換算する
＊テンパリングしておく（→P130）。
チョコレート用の色粉各種　適量
カカオバター　適量
＊湯煎で50℃くらいに温めて溶かしておく。

1 色粉を準備する

油脂に溶けるチョコレート用の色粉を用意する。ここでは3種類の色粉を使っている。

溶かしたカカオバターを色粉に同量程度加えて混ぜる。カカオバターの量は塗りやすい濃度になるように調節してよい。

2 色粉で模様を描く（3パターン）

a ハケで塗る
トレイの裏にフィルムを貼り、準備した2種類の色粉をハケで塗り重ねる。

b 点描する
準備した3種類の色粉をハケの先を使って点々とおいていく。

c 手で模様を描く
指に準備した色粉をつけて模様を描く。

3 仕上げる

1　固まった模様の上にテンパリングしたクーヴェルチュール（写真ではホワイトタイプを使用）を流し、好みの厚さにパレットで均して固める。
＊常温で完全に固める。室温を18℃に維持できないときは、涼しいところに置く。

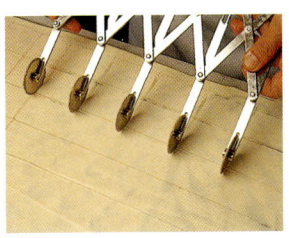

2　固まりかけたところで好みの形にカットする。写真の道具は幅を調節できるカッターだが、ナイフで切ったり、固まってから手で折ってもよい。
＊完全に固まってからだときれいにカットできない。手で割る場合は完全に固まってからでよい。

3　2を裏返してフィルムをはがす。

ボンボン・ショコラをつくる
トランペしてつくる

トリュフ
Truffe

分量　約70個分
ガナッシュ
　┌ チョコレート　330g　細かく刻んでおく
　│ 生クリーム　300g
　└ コニャック　30cc
粉糖　適量
被覆用クーヴェルテュール（ブラック）　3kg以上
＊テンパリングしておく。
ココア　適量

センターを準備する
少し固めのガナッシュをつくる（→P80）。40℃くらいに冷えたら最後にコニャックを静かに加え混ぜる。

1
ガナッシュが常温に冷えたら、オーヴンペーパーの上に口径13mmの丸口金で直径2cmほどの大きさに絞る。1個8gほどになる。冷蔵庫で固める。

2
冷たくなり、押して固くなっていれば、粉糖をふって手で丸めて形を整える。

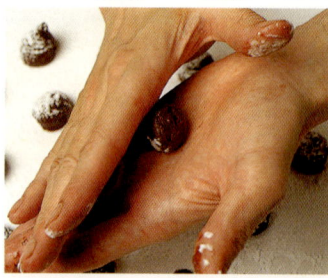

3
テンパリングしたクーヴェルテュールを手につけて、2を掌の上で転がす。
＊ガナッシュが被覆するチョコレートに溶け出さず、きれいに被覆するため、あらかじめ薄く皮膜をつける。

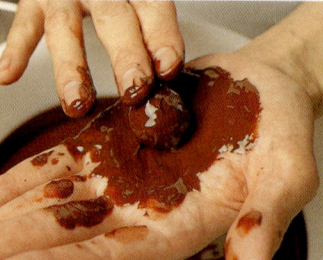

4
3をフォークですくって、テンパリングしたクーヴェルテュールの中に入れてすぐに上げ、上下させて余分なチョコレートを切ってココアの上に置く。

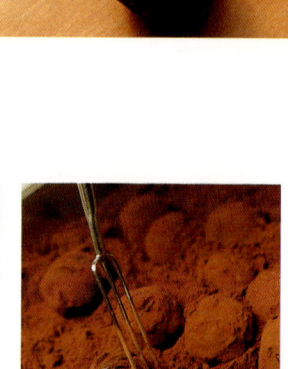

5
表面がやや曇りはじめたら、フォークで転がしてしわを寄せ、ココアの中で固める。固まったらアミに上げて、余分なココアを落とす。
＊表面がまだ柔らかいうちに、転がしてしわを寄せる。

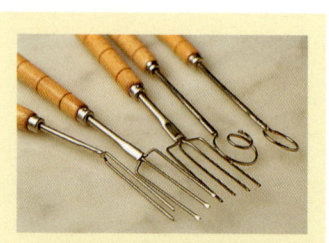

ガナッシュなどのボンボン・ショコラのセンターを、テンパリングしたチョコレートに浸すことをトランペ tremper という。トランペなどに使う専用フォークをチョコレート・フォークといい、写真のように各種ある。

モールド(型)でつくる
カラメル・バナーヌ
Caramel banane

分量　長径3.5cmの楕円形型70個分
バナナ風味のガナッシュ
　バナナ風味のカラメルソース
　　水飴　15g
　　グラニュー糖　140g
　　生クリーム(乳脂肪分38％)　80g
　　バナナピュレ(冷凍)　220g
　　＊冷蔵、または常温で解凍しておく。
　無塩バター　60g
　クーヴェルチュール(ブラック)　220g　刻んでおく
　ラム酒　20cc
被覆用クーヴェルチュール(ブラック)　適量
被覆用クーヴェルチュール(ホワイト)　1kg以上
＊ともにテンパリングしておく。

センターを準備する
バナナ風味のガナッシュをつくる。水飴と砂糖でカラメルを炊き、生クリームとバナナピュレ、バターを沸騰させたものを加え混ぜ、バナナ風味のカラメルソースをつくる(→P79)。泡がおさまったら、刻んだクーヴェルチュールのボウルに注ぎ、ガナッシュの要領(→P80)で混ぜて乳化させる(写真a)。40℃くらいに冷えたらラム酒を加え混ぜる(写真b)。

1　テンパリングしたブラックのクーヴェルチュールをハケで型底に薄く塗る。
＊マーブル模様に仕上げるので、ごく薄く塗る。

2　テンパリングしたホワイトのクーヴェルチュールを型いっぱいにたっぷり入れる。型の四方から軽くヘラでたたいて、隅々まで行きわたらせる。

3　もとのボウルにクーヴェルチュールをあけ、逆さまにしたままヘラで軽くたたく。

4　大きなヘラで上面の余分なクーヴェルチュールをこそげ落とす。

5　アミの上に逆さまにして固める。

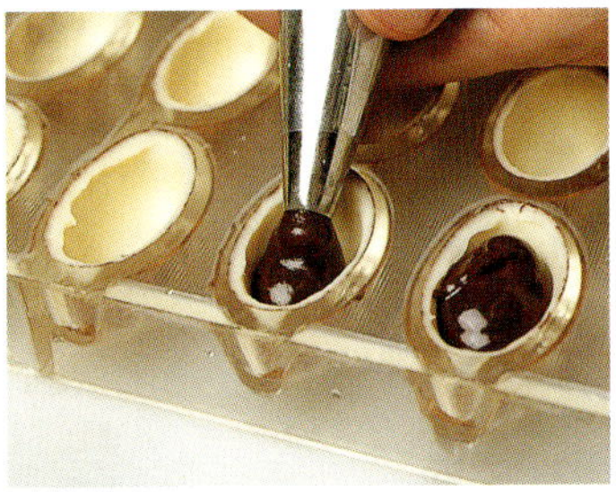

6　常温に冷えたバナナ風味のガナッシュを口径7mmくらいの丸口金で型に絞る。全部絞ったらそのまま常温で固める。

7　テンパリングしたホワイトのクーヴェルチュールをさらにたっぷり入れ、大きなヘラで上面をこそげ落とす。
＊テンパリングしたクーヴェルチュールは30〜32℃に保つ。30℃を切ったら湯煎で温める。

8　常温で固める。型から浮いて、周囲にすき間ができたら固まった証拠。逆さまにして型からはずす。
＊固まる時間の目安は冬場で半日程度。

自分でつくる副素材と砂糖菓子

砂糖、ナッツ／フルーツ

自分でつくる副素材と砂糖菓子

1 砂糖、ナッツ

ナッツと砂糖の出会い

砂糖菓子だけでなく、アーモンドなどを使ったナッツ系の副素材も砂糖を使ったものが多い。砂糖とアーモンドプードルを同割で合わせたタンプータン、糖衣がけしたアーモンドをペーストにしたマジパン、カラメル化したシロップをアーモンドなどにからめてペースト状にしたプラリネなど。そのつくり方には、フルーツ系の副素材や砂糖菓子同様、砂糖の性質が大きくかかわっている。

砂糖の性質についての詳しい説明はフルーツの砂糖菓子と副素材の頁（→P159）にゆだねるとして、ここでは砂糖の溶解度についてだけふれることにする。

砂糖は溶かす水の温度によって溶ける量（溶解度）が大きく変化し（表を参照）、温度が高いほどたくさん溶けこむ性質がある。フォンダンや糖衣がけするナッツを使った副素材は、この温度による溶解度の差を利用してつくられる。シロップの温度をいったん上げて水に砂糖をたくさん溶けこませ、これを冷ますことで溶解度を落とし、溶けこめなくなった砂糖を結晶化させてつくるのである。砂糖が結晶化することを「糖化」といい、糖液に衝撃を与えたり、ほかのものを混ぜたりすることで早く進む。またよく撹拌しながら糖化させると、粒が細かくなって舌ざわりの滑らかな結晶ができる。

砂糖をよく知ることが、これらの製法の仕組みを理解する近道といえる。

温度別蔗糖の溶解度

温度（℃）	100gの水に溶ける蔗糖の重量（g）
0	179.2
10	190.5
20	203.9
30	219.5
40	238.1
50	260.4
60	287.3
70	320.5
80	362.1
90	415.7
100	487.2

参考：『洋菓子材料の調理科学』
（竹林やゑ子著、柴田書店刊）

フォンダン
Fondant

エクレアなどの糖衣がけに使う基本的な副素材
シロップを熱していったん砂糖をたくさん溶けこませ
これを冷ましながら攪拌することで砂糖を結晶化させてつくる

分量　でき上がり約650g
グラニュー糖　500g
水　150cc
水飴　125g

1
砂糖、水、水飴を117〜120℃に熱する。
＊あれば熱が均等に伝わる銅鍋を使う。117〜120℃は、糖度が90％以上になる温度（→P159）。

2
マーブル台上にシロップが流れないようにバールで囲いをつくり、1を流して霧を吹きつけて温度を下げる。

3
しわが寄る程度の40〜50℃になったらバールをはずし（はずしても流れない固さ）、中央からまわし混ぜる。
＊温度を下げることで、溶け切れなくなった砂糖が結晶化する。

4
白くなってきたら混ぜる範囲を広げながらまわし混ぜていく。手元が重くなる。息が上がるほど力が必要な作業。

5
マーブル台からこそげるようにして激しく攪拌し続ける。
＊攪拌することで結晶を細かくする。

6
粘りがなくなり、ボロボロの状態になってきたらまとめる。

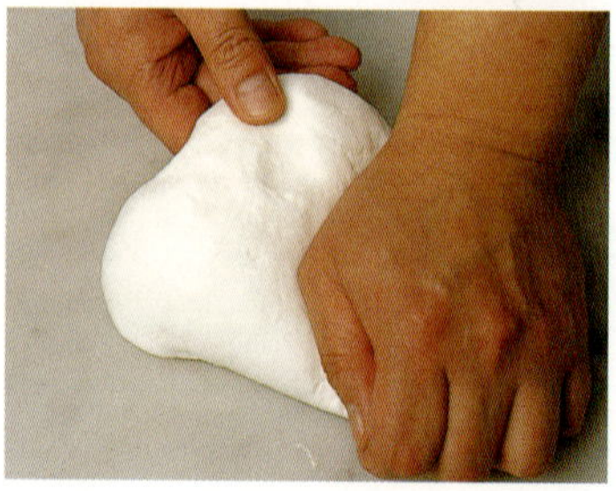

7
手でまとめてもみ、粒子を整えて滑らかにする。ラップをして常温で保存することが可能。必要量をとって使う（→P111）。

コーヒーエキス
Extrait de café

コーヒーの色、味をつける濃縮液
通常は市販品を使うが、ここではつくってみた

分量　でき上がり約200g
グラニュー糖　100g
水　150cc
コーヒー豆（イタリアンロースト）　50g　挽いておく

1 砂糖を強火で熱してカラメルをつくる（→P79カラメルソース・1）。粗い泡がパチパチいってくれば火を止めて余熱で火を通す。

2 ヘラですくって濃いカラメル色になったことを確認する。

3 はねないようにふるいをかぶせてから水を加える。

4 ヘラで混ぜる。底が固まっていれば火をつけて煮溶かす。
＊ヘラについた塊も煮溶かすこと。

5 コーヒー豆を加えて強火にかけ、ひと煮立ちさせて火を止める。

6 粗めのふるいで漉し、次に細かい目のふるいで漉す。冷まして使う。

まずはナッツの下処理から

ここからはナッツを使った副素材や砂糖菓子をつくる
その種類や用途によってナッツの皮をむいて使うのか、皮つきのままなのか
また生で使うのか、乾燥させるのか、あるいはローストするのかが異なる
副素材をつくる前に、まず下処理の方法を紹介する

皮をむく

アーモンドは湯むきする

1 鍋にたっぷり湯を沸かし、沸騰したらアーモンドを入れ、ふたたび沸騰したらざるにあける。

2 水気をふきとって指ではさむと皮がつるりとむける。

2 皮の渋が移るので、さっと水で洗ってフキンでふく。

ピスタチオは湯むきする

1 アーモンドと同様にさっとゆいでざるにあけ、すぐに氷水に浸ける。ピスタチオは小さく、すぐに熱が入って色が悪くなりやすいので氷水にとる。

2 アーモンドと同様に皮をむく。むきづらいものは少し水にふやかしてむくとよい。

ヘーゼルナッツは焼いて皮をむく

1 天板に並べて200℃のオーヴンで2〜3分焼く。これは表面だけを焼く程度の温度と時間。皮が少し縮んで裂けた状態。

2 1を布に包んでもみ、皮をこすりとるようにむく。
＊ざるに入れて手で押さえつけながらまわして皮をとる方法もある。

3 個体差があるので、皮がむけ切らないものはもう1度焼くか、ざるに入れてまわしながら皮をとる。

ローストする

アーモンドのロースト

ローストはフランス語でグリエ griller。160〜170℃で焦がさないように香ばしく焼くこと。下の写真を参考に、好みの焼き具合にして使う。
ヘーゼルナッツの場合は180℃で同様に好みの焼き具合にする。
ヘーゼルナッツは皮にえぐみが出るので、通常はむいてから焼く。

左から、焼き時間が0分、5分、10分、15分、17分30秒、20分、22分の順。使う用途によって好みの焼き具合にする。

乾燥させる

オーヴンの余熱で1晩乾燥させる。乾燥とは70℃くらいの温度で色をつけずに中心部まで乾かすことを指す。

ローラーについて ── 粉やペーストにするときに

タンプータン、プラリネ、ジャンデュジャなどを粉やペーストにするとき、ローラー（フランス語でブロワイユーズ broyeuse）を使う。ローラーが2〜3個ついたマシンで、回転するローラーとローラーの間に材料を入れて粉砕したり、つぶしたりし、徐々に間を狭めて粉状、またはペースト状にしていく用途に使われる。フードプロセッサーで挽くこともできるが、粒子はかなり粗めになる。

タンプータン（皮むき、乾燥）
Tant pour tant（T.P.T.）blanc

砂糖と1対1に混ぜて粉末にし、生地に混ぜこむ

基本的にアーモンド1に対して砂糖1を合わせて粉状に挽いたものが、タンプータンだ。タンプータンでつくる代表的な生地に、オペラなどに使うビスキュイ・ジョコンド（→P40）がある。ローラーがなければ、アーモンドプードルと同量の粉糖を混ぜ合わせて代用する。皮つき、ローストなど下処理の仕方によって風味は異なる。

分量　でき上がり1kg
アーモンド（皮むき、乾燥）　500g
微粒グラニュー糖　500g
＊粉状に挽くので、微粒グラニュー糖を使う。

1　皮をむいて乾燥させたアーモンドをフードプロセッサーに入れて粗めに砕く（写真a）。これと砂糖をボウルに混ぜ合わせておく。
2　1を何回かローラーにかける（写真b）。ローラーの間を徐々に狭くしながらかけて挽き、粉末状になればよい（でき上がり写真右下の「粒子の段階」写真を参照）。
＊時間短縮のため、アーモンドはスライスやダイス状のものを使うこともあるが、もちろんホールから挽くほうが香りが高い。
◎皮つきのアーモンドを乾燥させたもの、ローストしたアーモンドやヘーゼルナッツ、乾燥させた皮むきピスタチオなどでも同様につくれる（右下の写真）。いずれもナッツと砂糖は同割でつくる。

粒子の段階：
右の写真はローラーにかけた段階を示したもの。上はローラーにかける前で、時計まわりに粒子が細かくなっていく。そして上の写真のでき上がりになる。以下同様。

皮つき、乾燥させたアーモンドのタンプータン
T.P.T. gris

ローストしたアーモンドとヘーゼルナッツのタンプータン
T.P.T. grillé

＊アーモンドとヘーゼルナッツの比率は好みで。

皮むき、乾燥させたピスタチオのタンプータン
T.P.T. pistache

応用菓子

バトン・マレショー
Bâtons maréchaux

分量　6㎝長さ80本分
メレンゲ
　卵白　150ｇ
　グラニュー糖　30ｇ
タンプータン（皮むき、乾燥）　250ｇ
薄力粉　30ｇ
アーモンドダイス　約300ｇ
クーヴェルテュール（→P129）　約200ｇ

1　卵白に砂糖を加えながら泡立てて、角が立つくらいしっかりしたメレンゲをつくる（→P12）。
2　タンプータンと小麦粉を合わせてふるったものを1にふり入れながら、ゴムベラで切るように混ぜる（→P14）。
3　バター（分量外）を塗った天板に、口径9㎜の丸口金で6㎝の棒状に絞り出す。アーモンドダイスを表面にふってつけ、180℃で10分焼く。
4　冷めたら裏面にテンパリング（→P130）したクーヴェルテュールをパレットで塗る。

ガトー・マルジョレーヌ
Gâteau Marjolaine

分量　9×40㎝1本分
マルジョレーヌ生地（60×40㎝の天板を用意する）
　メレンゲ
　　卵白　125ｇ
　　塩　少量
　　グラニュー糖　50ｇ
　アーモンドとヘーゼルナッツの
　タンプータン（皮むき、ロースト）　200ｇ
　＊それぞれローストしたアーモンド75ｇと
　　ヘーゼルナッツ25ｇに、グラニュー糖100ｇを
　　合わせてつくる。
　薄力粉　15ｇ

ガナッシュ
　チョコレート　180ｇ　細かく刻んでおく
　生クリーム　150ｇ
バター入りシャンティー
　生クリーム　450ｇ
　粉糖　40ｇ
　無塩バター　40ｇ　湯煎で溶かしておく
プラリネ入りシャンティー
　生クリーム　400ｇ
　プラリネ（市販、または→P148）　100ｇ
　無塩バター　30ｇ　湯煎で溶かす
チョコレートスプレー　適量
粉糖　適量

1　生地をつくる。卵白に塩を入れて泡立てはじめ（最初に塩を入れると泡立ちやすくなる）、砂糖を少量ずつ加えながらさらに角が立つくらいにしっかり泡立てて、メレンゲをつくる（→P12）。タンプータンと小麦粉を合わせてふるったものをふり入れながら、ゴムベラで切るように混ぜる。
2　バターを塗って強力粉（以上分量外）をはたいた天板に、1を2㎜厚さにのばし広げる。200℃のオーブンで全体に焼き色がつくまで約15分焼き、熱いうちに9×40㎝に5枚切る。
3　ガナッシュをつくり（→P80）、冷ましておく。
4　2の生地4枚を2枚1組にし、それぞれの間に3を半量ずつ塗ってサンドする。
5　生クリームと粉糖を角が立つまでしっかり泡立てて（→P75）溶かしバターを加え、ゴムベラで切るように混ぜて（→P14）、バター入りシャンティーをつくる。
6　プラリネ入りシャンティーをつくる。生クリームをリボン状に流れる程度に泡立て、その一部をプラリネに加えてよく混ぜる。これを残りの生クリームにもどしてよく混ぜてから角が立つまでしっかり泡立てる。溶かしバターを5と同様に加え混ぜる。
7　4の生地1組の上に、5のバター入りシャンティーを塗り広げ、残り1枚の生地を重ねる。次に6のプラリネ入りシャンティーを塗り広げ、4のもう1組をのせて冷蔵庫で冷やし固める。
8　両サイドにチョコレートスプレーをつけ、粉糖で表面を飾る。

パート・ダマンド(マジパン)
Pâte d'amandes
主にマジパン細工に使うペースト状生地

いわゆるマジパン。アーモンドの分量の2倍以上の砂糖を煮つめ、アーモンドを入れて糖化させたものをローラーで挽いてペースト状にしたもの。ウィーン菓子やドイツ菓子では生地やクリームに混ぜて使うこともあるが、多くはヨーロッパのお菓子屋でよく目にするマジパン細工の材料として使われる。色粉を混ぜて着色して使うことが多い。

粒子の段階：
ローラーにかけた段階を追ったもの。上の右から左へ、下の右から左への順に細かくなっていく。

分量　でき上がり約1.2kg
グラニュー糖　700g
水飴　150g
水　250cc
アーモンド(皮むき、乾燥)　300g
キルシュ　少量
粉糖(打ち粉として)　適量

1　砂糖、水飴、水を合わせ、117℃に煮つめる。
2　アーモンドをボウルに入れ、1のシロップを4～5回に分けて加えては木ベラで一気に混ぜる(写真a)。最初の1～2回めは白濁してきたら次のシロップを入れる(写真b)。3回めくらいからは結晶化したら(写真c)次を入れて混ぜるようにする(写真d)。
＊少量ずつ入れることで、熱いシロップといったん温度が下がったアーモンドとに温度差ができ、砂糖が結晶化しやすくなる。
3　台に広げて冷ます(写真e)。
＊冷ますのは水分を飛ばすため。また、温かいとローラーで挽くときに油が出るため。
4　ローラーに数回かけてペースト状にする(写真f～g)。
5　ペースト状になったらボウルに入れて、香りづけとまとまりやすくするためにキルシュをふって混ぜ(写真h)、粉糖をふった台に出して練ってまとめる(写真i)。

応用菓子

ポンム
Pomme

分量 30個分
パータ・シュー
- 水 125cc
- 牛乳 125cc
- 無塩バター 110g 常温にもどしておく
- 塩 2.5g
- 薄力粉 150g ふるう
- 全卵 4個 溶いておく

クレーム・ムースリーヌ
- カスタードクリーム(→P70) 300g
- イタリアン・メレンゲベースの
- バタークリーム(→P82) 300g
- カルヴァドス 50cc

パート・ダマンド 600g
- 色粉(黄、赤、緑) 各適量
 *500gのパート・ダマンドに、水少量で溶いた黄色の色粉を色を見ながら加え混ぜる。残りのパート・ダマンドには緑の色粉で同様に色づけして、葉の形に30枚成形しておく。

チョコレートの軸 30本
 *クーヴェルチュールをテンパリング(→P130)して紙のコルネ(→P21)で絞って固める。

1　パータ・シューをつくる(→P64)。ただし、牛乳は水、塩、バターといっしょに沸騰させて使う。これをバター(分量外)を薄く塗った天板に口径10mmの丸口金で直径4cmに30個絞り、200℃で約30分焼く。
2　カスタードクリームとイタリアン・メレンゲベースのバタークリームを1：1(300gずつ)に合わせてクレーム・ムースリーヌをつくる(→P71)。最後にカルヴァドスを混ぜる。
3　1のシューの底に穴をあけ、2のクリームを詰めて、外側にもクリームを薄く塗る。
4　黄色く色づけしたパート・ダマンドを薄くのばして3を包み、リンゴの形にする。水少量で溶いた色粉を使い、ピストレ(吹きつけるマシン→P113。または筆)で淡い赤と緑に色づけ、緑のパート・ダマンドの葉とチョコレートの軸をつける。

フィグ(イチジク)
Figue

分量 30個分
パータ・ビスキュイ
- 全卵 4個 卵黄と卵白に分ける
- グラニュー糖 120g
- 薄力粉 120g ふるう

カスタードクリーム(→P70) 基本分量
- キルシュ

ドライイチジク 10個 刻んでおく
パート・ダマンド 600g
- 色粉(緑、茶) 各少量
 *パート・ダマンドに、水少量で溶いた色粉を加えて練り混ぜる。

粉糖 適量

1　パータ・ビスキュイをつくる(→P33)。
2　オーヴンペーパーを敷いた天板に、口径10mmの丸口金で長さ4cmくらいの涙形に60個絞り出し(→P46・2)、190℃で約15分焼く。
3　カスタードクリームをヘラでまわし混ぜてもどし、キルシュを加えて混ぜる。
4　2の生地の裏を小さくくりぬいてくぼみをつけ、2個1組にして3のクリームと刻んだイチジクをはさむ。
5　適量をとって緑に色づけしたパート・ダマンドの端に茶色に色づけしたパート・ダマンドを少量混ぜて色をぼかす。これを薄くのばして4を包み、イチジクの形にする。表面に筋をつけ、粉糖をふる。

パート・ダマンド・クリュ(ローマジパン)
Pâte d'amandes crue
焼き菓子用の生のアーモンドを使ったペースト

「クリュ」は「生の」という意味。皮をむいた生のアーモンドと砂糖を1対1で合わせてペースト状にしたものに、つなぎとして卵白を少量入れてまとめたものだ。焼き菓子の生地に混ぜこんだり、それ自体を絞り出して焼き、プティ・フールにする。

分量　でき上がり1kg
アーモンド(皮むき、生)　500g
グラニュー糖　500g
卵白　少量

1　皮をむいたアーモンドをフードプロセッサーに入れて粗めに砕く。これと砂糖をボウルに混ぜ合わせておく。
2　1を何回かローラーにかけて挽き、ペースト状にする。ただし、ローラーの間は徐々に狭くして、アーモンドの油が出すぎないように注意する。
3　フードプロセッサーに2と少量の卵白を入れて(写真a)、手でまとめられる状態まで撹拌する(写真b)。
＊油が出るので、ここではローラーではなくフードプロセッサーを使う。
4　3を台にとり出し、まとめる(写真c)。

応用菓子

パン・ド・ジェンヌ
Pain de Gênes

分量　直径18cmのマンケ型2台分
生地
├ パート・ダマンド・クリュ　500g
├ 全卵　4個　溶いておく
├ コーンスターチ　65g
├ 無塩バター　150g　湯煎で溶かしておく
├ ラム酒　20cc
├ オレンジの花の水　10cc
│　＊オレンジの花のつぼみを蒸留した香りの水。
├ メレンゲ
│　├ 卵白　90g
│　└ グラニュー糖　15g
無塩バター(型用)　適量
アーモンドスライス(型用)　適量
アプリコットジャム　約200g
グラス・オ・ロム(→P108)　適量
　＊粉糖に好みの割合でラム酒と水を加えてつくる。

1　パート・ダマンド・クリュに溶いた卵を少しずつ加え混ぜて、滑らかな状態にする。
2　1にコーンスターチ、溶かしバター、ラム酒、オレンジの花の水を加えて、そのつどまわし混ぜる。
3　卵白に砂糖を加えながら泡立てて柔らかいメレンゲをつくり(→P12)、2に加えて切るように混ぜる。
4　マンケ型にバターを塗ってアーモンドスライスを貼りつけ、生地を流しこんで180℃で約30分焼く。
5　型から抜いて冷まし、少量の水(分量外)を加えて煮つめたアプリコットジャムを塗り(→P108)、固める。
5　グラス・オ・ロムをつくり、5の上からハケで塗って、200℃のオーヴンに表面を乾かす程度に1～2分入れてつやを出す(→P108)。

モーンクーヘン
Mohnkuchen

分量　30×40cmの角型1台分
マイレンダータイク(練りこみパイ生地)
├ 無塩バター　200g　常温にもどしておく ┐
├ 粉糖　110g
├ 全卵　1個   │A
├ 塩　2g
├ レモンエッセンス　少量   ┘
├ 薄力粉　260g   ┐合わせてふるう
└ ベーキングパウダー　6g ┘
モーンマッセ
├ 黒ケシの実　400g
├ 水　200cc
├ マジパンローマッセ(→下記)　150g
├ 無塩バター　150g　常温にもどしておく
├ グラニュー糖　300g
├ 塩　2g
├ 全卵　6個
├ スポンジ生地のくず　350g
└ シナモン粉　3g
シュトロイゼル
├ 無塩バター　100g
├ グラニュー糖　100g
├ 塩　2g
├ バニラの種(さやを裂いてこそげる)　1/2本分
├ レモンの表皮のすりおろし　1個分
├ 薄力粉　175g　ふるう
└ シナモン粉　2g
粉糖(飾り用)　適量

◎ドイツ菓子では「パート・ダマンド・クリュ」に相当するのが、マジパンローマッセ。アーモンドと砂糖が2対1という配合やつくり方も多少異なるが、用途は似ているので、ここでは使い方の例として紹介する。

1　マイレンダータイクをつくる。ボウルにAを順に入れてはすり混ぜ、混ざったら粉類を入れてよく混ぜる。ひとまとめにして冷蔵庫に1時間以上寝かせておく。
2　モーンマッセをつくる。ケシの実と水を鍋に入れて人肌程度に軽く温め、バットにあけて冷ます。台の上でマジパンローマッセとバターを滑らかになるまですり混ぜて(→P14・1台上で混ぜる)ボウルに入れ、砂糖、塩、卵の順に加えてはまわし混ぜる(→P14)。ここに冷ましておいたケシの実、スポンジ生地のくず、シナモン粉を加えて混ぜる。
3　シュトロイゼルをつくる。バターと砂糖、塩をすり混ぜ、バニラの種、レモンの表皮、小麦粉、シナモン粉を加え混ぜる。これを指先や掌ですり合わせてそぼろ状にし、冷蔵庫で冷やす。
4　1のうち600gを薄くのばして型の底に敷きこみ、180℃で約15分下焼きする。ここにモーンマッセを入れて平らに均し、シュトロイゼルをふって200℃で約1時間焼く。冷めたら粉糖をふる。

プラリネ
Praliné
クリームなどに混ぜこむナッツのペースト

ナッツをカラメリゼしたシロップに入れて加熱しながらからめたあと、ペースト状にしたもの。芯まで火を入れるので、香ばしく仕上がる。カラメリゼしたナッツの香ばしい風味を生かして多様なクリームに混ぜこむ。パータ・シューとプラリネ入りクリームで構成したパリ・ブレスト(→P88)が有名。

粒子の段階：ローラーをかけた段階を追ったもの。上から時計まわりに順に細かくなる。

分量　でき上がり約1kg
　グラニュー糖　500g
　アーモンド(皮むき、乾燥)　250g
　ヘーゼルナッツ(皮むき、乾燥)　250g
　＊プラリネはアーモンドのほかにヘーゼルナッツが入る場合が多いが、アーモンドだけを500gでも可。
　カカオバター(→P129)　でき上がり量の10%
　＊湯煎で50℃くらいに温めて溶かしておく。

1　銅ボウルに少しずつ砂糖をふり入れて熱し、溶けたら次の砂糖を加え(写真a〜b)、そのつど焦げないように火をこまめに調節しながら混ぜていく。木ベラでたらしてみて、しずくの色をみる。写真程度の薄いカラメル色になればよい(写真c)。
＊一気に砂糖を入れると溶けにくく、かえって時間がかかるので少しずつ溶かす。
2　1にナッツを入れて(写真d)からませ、火を通しながらほどよいカラメル色にする(写真e〜f)。シロップをたらして色を見極め、このあとにも余熱が入っていくのを計算して、少し控えめの透明感がある色にとどめておく(写真g)。
＊加熱時にナイフでナッツをカットし、芯まで茶色になって火が通っている状態を確認するとよい。
3　シルパットまたは台に広げて冷まし(写真h)、ローラーで挽いて粉状にする(写真i)。溶かしたカカオバターを入れ(写真j)、よく混ざるように手で合わせ、まとめる。
＊使うときは混ぜ合わせるものによって固さを調節する。たとえば合わせる材料の一部と先に混ぜてから全体と合わせるなどして、ダマができないようにする。また、つくり方はやや違うが、ピスタチオでつくる緑色のペースト pâte de pistache もある。

応用菓子

バルケット・オ・プラリネ
Barquette au praliné

分量　長径7cmのバルケット型30個分
パート・フィユテ（→P58）　300g
ガルニテュール
  ┌ パータ・シュー（→P64）　基本分量
  └ カスタードクリーム（→P70）　300g
  ＊カスタードクリームは、下記と合わせてつくっておく。
アーモンドスライス　適量
プラリネ入りカスタードクリーム　以下を混ぜ合わせる
  ┌ カスタードクリーム（→P70）　450g
  └ プラリネ　75g
粉糖　適量

1　パート・フィユテを2mm厚さにのばし、バルケット型に敷きこむ（→P54）。
2　ボウルにパータ・シューと混ぜもどしたカスタードクリームを入れてヘラでまわし混ぜ、1に詰める。
3　アーモンドスライスを2の上に貼りつけ、200℃で約30分焼く。
4　折りこみ生地の上辺に沿って片側から水平にハサミで切りこみを入れ、プラリネ入りカスタードクリームを絞りこみ、粉糖をふる。

パン・コンプレ
Pain complet

分量　直径18cm 3台分
パータ・ビスキュイ
  ┌ 全卵　4個　卵黄と卵白に分ける
  │ グラニュー糖　125g
  │ バニラエッセンス　適量
  │ 薄力粉　45g ┐
  └ コーンスターチ　45g ┘合わせてふるう
強力粉＋粉糖　1：1で合わせたもの少量
プラリネ入りバタークリーム
  ┌ 卵黄　8個　溶いておく
  │ 生クリーム（乳脂肪分38％）　250g
  │ プラリネ　150g
  └ 無塩バター　300g　常温で柔らかくもどしておく
イタリアン・メレンゲ
  ┌ グラニュー糖　120g
  │ └ 水　40cc
  └ 卵白　60g

1　パータ・ビスキュイをつくる。卵白をボウルに入れ、砂糖を加えながら角が立つまで泡立ててしっかりしたメレンゲをつくり（→P12）、バニラエッセンスを加え混ぜる。
2　ほぐした卵黄を加えて切るようにさっくり混ぜた（→P14）あと、粉類をふり入れて、同様に混ぜる。
3　天板に2を直径15mmの丸口金で直径15cmのドーム状に丸く絞り出す（→P19）。粉ふるいで強力粉と粉糖を合わせたものを上にふり、表面に沿ってパレットの刃を押しつけて格子模様をつける。200℃で約30分焼き（焼き上がりは膨れて直径18cmになる）、冷ましておく。
4　プラリネ入りバタークリームをつくる。溶いた卵黄、生クリーム、プラリネを合わせて鍋に入れ、混ぜながら83℃まで温める。これをミキサーに移して高速で泡立て、冷めたら柔らかいバターをちぎって加えて撹拌する。イタリアン・メレンゲをつくって（→P77）加え、切るように混ぜる。
5　3の生地をヨコ半分に切り、下の生地にプラリネ入りバタークリームをこんもりと絞って上生地をのせてはさむ。

ヌガティーヌ
Nougatine

アーモンドダイスなどでつくる。自由に曲げて細工ものに使う

カラメル状に煮つめたシロップにアーモンドダイスやアーモンドスライスを加え混ぜた生地。熱いうちに曲げてさまざまに成形する。グラス・ロワイヤル(→P110)で線描きしてクロカン・ブッシュの土台などに使ったり、ボンボン・ショコラのセンターに使ったりするほか、そのまま食べたりもする。

```
分量   でき上がり約1kg
アーモンドダイス(またはスライス)  250g
グラニュー糖  500g  半量ずつに分けておく
水飴  250g
水  125cc
```

1　アーモンドダイスは150℃のオーヴンに入れて軽く温めておく。
2　銅ボウルに250gの砂糖、水飴、水を入れ、淡いカラメル色に煮つめる。銅ボウルの内側を水でぬらしたハケでぬぐいながら、焦げないように加熱する。
3　2に残りの砂糖250gを少しずつ加えては混ぜる(写真a)。透明になったら次の砂糖を加えるようにし、カラメル色に煮つめる。木ベラでたらしてみて色をチェックし(写真b)、透明になり、自分が欲しい色の少し手前で火を止める。
4　温めたアーモンドダイスを3に入れて混ぜ合わせ(写真c～d)、シルパットか薄くサラダ油(分量外)を塗った台にあける(写真e)。
5　熱いのでシルパットをもう1枚重ねて平らに均してから、上のシルパットをのぞく(写真f)。シルパットごと手前、奥、左右から順に折りたたむようにして(写真g)生地をまとめる(写真h)。
＊細工ものに使う場合は(→右頁)、必要量をカットして使う。冷めたものは天板にとって、150℃のオーヴンで細工しやすい柔らかさに温めてから使う。

ヌガティーヌを成形する

1 必要量をシルパット、またはサラダ油を薄く塗った台にのせ、鉄の麺棒で適度な厚さにのばす。
＊生地が冷めていれば、天板にとって柔らかくなる程度に150℃のオーブンで温めて使う。重い鉄の麺棒だと早く薄くできる。

2 木の麺棒に持ち替え、好みの厚さにのばす。温かいうちに好みの形に成形する。冷えれば固まる。以下、成形例を紹介する。

a 型を使う場合は、その大きさに合わせてナイフでカットし、サラダ油を塗った型にタルトと同様に敷きこむ(→P54)。上に出た余分な生地をハサミでカットしたあと、ナイフできれいにする。

b 三角形にカットした生地を、トヨ型などを使って型に沿わせて丸く曲げる。

c ヌガティーヌ用の鉄製の分厚い抜き型で抜き、さらにひとまわり小さな抜き型で中央をくりぬく。型で抜くときは、鉄の麺棒など重いもので型の上を軽くたたいて抜く。

応用菓子

ケーキの飾りとして
グラス・ロワイヤル(→P110)で線描きしたヌガティーヌを、ケーキなどの飾りに使うこともできる。写真はピスタチオペーストを使ったムース・オ・ピスタッシュ(つくり方は→P156)。グラス・ロワイヤルは紙のコルネ(→P21)に入れて絞る。

ショコラ・クロカン
Chocolat croquant

ヌガティーヌを薄くのばし、長方形に切り分ける。テンパリングした(→P130)たっぷりのクーヴェルチュールに浸して模様をつけ、放置して固める。

プラリーヌ
Praline

そのまま食べる糖衣がけのアーモンド

アーモンドにカラメル風味の糖衣をかけた豆菓子。コンフィズリー（砂糖菓子）の1つである。ヨーロッパではクリスマスの時期などに、屋台で炒りたてが売られ、買って歩きながら食べる光景がしばしば見られる。ゴツゴツ、ガリガリした糖衣が素朴でおいしい。

分量　でき上がり約800g
グラニュー糖　400g
水　200cc
バニラスティック　1本
アーモンド（皮つき、生）　500g

1　銅ボウルに砂糖、水、ペティナイフの先で1ヵ所穴をあけたバニラスティックを入れ、強火にかける。砂糖が完全に溶けて沸騰したら皮つきアーモンドを入れ（写真a）、アーモンドにシロップがからまるように、ときどき木ベラで混ぜる。
2　水分が飛び、シロップが粘ってくる。細かい泡が出てきたら糖化のはじまり（写真b）。火を止める。
3　激しく攪拌して糖化させる（写真c～d）。
4　3を目の粗いざるでふるい（写真e）、アーモンドと砂糖に分ける。アーモンドだけ銅ボウルにもどし、中火にかけて混ぜながら火を入れる。
5　ときどき火力を調節し、ボウルをまわしながら木ベラで底からすくうように混ぜる。アーモンドに付着した砂糖の一部がカラメル化して溶け、湿ってきたら、ふるい分けた砂糖大さじ山盛り2杯を入れて（写真f）、混ぜながら糖衣を付着させていく。
6　5の作業をくり返して、アーモンドに火を通しながら糖衣を厚くする。終われば火を止め、トレイにあけて冷ます（写真g）。
＊砂糖の塊をいったんふるってとりのぞき、これを少しずつ加えるのは、糖衣を平均的に付着させるため。ナッツの芯まで火を通し、カリッと仕上げるのがポイント。

アマンド・カラメリゼ
Amande caramélisée

アーモンドの糖衣をカラメリゼしたもの。飾りなどに生かす

アーモンドに薄いカラメルの糖衣がかかったもの。これもそのまま食べる砂糖菓子（コンフィズリー）の1つだが、糖衣がカラメル状だという点が異なる。カリッとした食感で、ボンボン・ショコラのセンターにするほか、そのつやを生かしてお菓子の仕上げ用の飾りとして使う。

分量　でき上がり約600g
グラニュー糖　160g
水　50cc
アーモンド（皮つき、生）　500g
無塩バター　15g

1　砂糖と水を銅ボウルに入れて火にかけ、銅ボウルの内側を水でぬらしたハケで焦げないようにぬぐいながら115〜118℃まで煮つめる。
2　皮つきアーモンドを入れて（写真a）火を止める。銅ボウルをまわしながら木ベラで底からよく混ぜ続け、ぬれた感じがなくなって、1粒ずつがバラバラになるまで糖化させる（写真b）。
3　ふたたび火をつけ、ときどき火力を調節し、銅ボウルをまわしながら炒っていく。アーモンドに火を通しながら、アーモンドについた砂糖をカラメル化させる（写真c）。約20分ほどゆっくり火を入れる。
＊いったん糖化した砂糖にゆっくり火を入れ、生のアーモンドの芯にまで火を入れる作業。
4　アーモンドがパチッとはじけだしたら、中心まで火が入った証拠。カットすると中までしっかり色づいている（写真d）。バターを加えてひと混ぜし（写真e）、マーブル台上にとり出し、火傷をしないように気をつけながら、熱いうちにフォークなどで1粒ずつバラバラにして完全に冷ます（写真f）。温度が下がってくればくっつかなくなる。

応用菓子

アマンド・ショコラテ
Amande chocolatée

完全に冷めたアマンド・カラメリゼをボウルに入れ、テンパリングしたクーヴェルチュール（→P129、130）を少しずつ加えて、混ぜながらアーモンドの周りをおおっていく。最後にココア（写真左手）、または粉糖（写真右手）をまぶしつける。
＊チョコレートでおおったものを「アマンド・ショコラテ」という。

トロワ・フレール
Trois-frères

生の皮むきヘーゼルナッツを同様にカラメリゼしてつくり、3個1組ずつにして、チョコレートをテンパリングしてのばし固めたものを、ひとまわり小さい円形に抜いて1組ずつのせる（写真左手）。フォークにのせて、まずテンパリングしたミルクチョコレートに全体を浸し、乾いたらテンパリングしたブラックチョコレートに3分の2まで浸し、金箔を飾る。

プララン
Pralin

アーモンドプードルを糖化させてケーキを飾る

アーモンドプードルとその倍量の砂糖で手早くつくれる飾り用の副素材。糖化してからの炒り具合で、色は好みにつけられる。固く糖化しているので湿りにくく、さまざまなお菓子の仕上げに使うことができる。

分量　でき上がり約700g
グラニュー糖　500g
水　200cc
アーモンドプードル　250g

1　銅ボウルに砂糖と水を入れて130℃まで煮つめる。火を止めてアーモンドプードルを一気に入れ、木ベラで素早く混ぜて(写真a)糖化させる。
2　パサパサした大きな塊ができてきたら、ふたたび中火にかけ(写真b)、銅ボウルをまわしながら底から混ぜて炒り、カラメル色をつける(写真c)。
3　7～8mmの目の粗いふるいの下に3～5mmの目のざるを重ねて2を上から通す(写真d)。ふるいの中に大きな塊が残り、ざるの中の粒は3～5mm大に、下に落ちたものはパウダー状になる(写真e。上のでき上がり写真はこの3種類。写真中央がざるの中に残ったもの)。
4　ふるいの中の大きな粒は麺棒などでつぶして(写真f)、ふたたびふるいとざるを通し、3～5mm大に粒をそろえる。乾燥剤といっしょに密閉容器に入れておけば、常温で保存でき、1ヵ月間ほど使える。
＊主にざるに残った大きさのそろった粒を使う。ざるの細かい目を通ってしまうものは、「プラランパウダー」としてジョコンド生地などを台にとり出すときの打ち粉代わりに使ったり、卵白とアーモンドプードルでつくるシュクセのような生地に混ぜたりする。どうしてもムダが出るのでうまく活用する。

クラクラン
Craquelin

アーモンドダイスを糖化させてつくる。ケーキの飾りに

アーモンドダイスでつくり、用途はプラランと同じで飾り用。アーモンドの配合が多いので、プラランよりは割高になる。アーモンドダイスを熱したシロップに入れていったん糖化させたあと、ふたたび火にかけて炒るが、このときに色をつけるだけでなく、芯まで火を通すことが重要。

ケック・オ・ショコラ(つくり方は→P157)

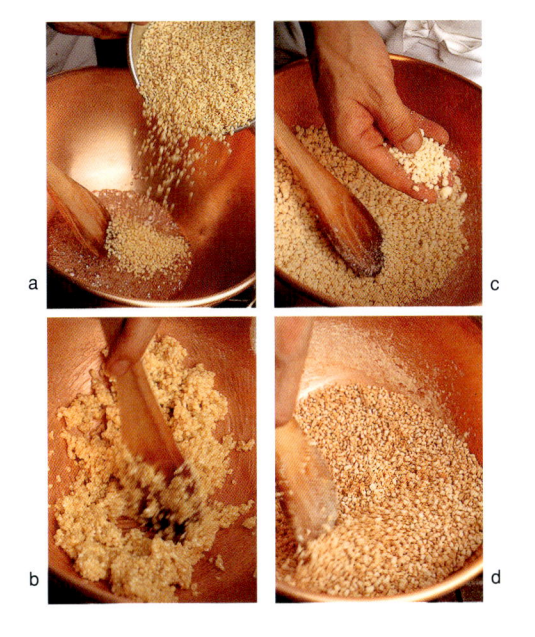

分量　でき上がり約600g
グラニュー糖　300g
水　100cc
アーモンドダイス　300g

1　砂糖と水を銅ボウルに入れて、115〜118℃まで煮つめる。
2　火を止めてアーモンドダイスを一気に入れ(写真a)、銅ボウルをまわしつつ木ベラでほぐし混ぜ(写真b)、素早く糖化させる。
3　パラパラの状態になれば(写真c)、ふたたび火をつけて中火にし、銅ボウルをまわしながら炒る。香ばしい色と香りがついたら(写真d)火を止める。
＊砂糖だけの大きな塊ができた場合はとりのぞく。プラランのようにふるわなくても粒の大きさはそろう。乾燥剤といっしょに密閉容器に入れておけば、常温で1週間ほどもつ。

クラクランの別のつくり方

ヌガティーヌでつくる場合

ヌガティーヌ(→P150)をフードプロセッサーなどで細かく砕いたものもクラクランと呼ぶことがあり、同じ用途に使う。

タテ割アーモンドを使って

1　グラニュー糖1：水1の割合で合わせたシロップを沸騰させ、タテ割アーモンドを入れて5分ほど煮る。
2　汁気を切り、シルパットに広げる。180℃のオーヴンに入れ、ほぐしながら好みの色がつくまで焼く。
＊応用として松の実、クルミなどを使ってもできる。
＊写真上のチョコレートのものは、2をテンパリング(→P130)したクーヴェルチュール(→P129)に浸してひと口大にまとめ、そのままおいて固めた応用菓子。

ヌガティーヌの応用菓子

ムース・オ・ピスタッシュ
Mousse aux pistaches

分量　直径6cmのセルクル20個分
チョコレート風味のパータ・ジェノワーズ
＊直径5cmの抜き型を用意する。
- 全卵　5個
- グラニュー糖　150g
- 薄力粉　120g ┐合わせてふるう
- ココア　30g　┘
- 無塩バター　20g ┐合わせて湯煎で溶かしておく
- 牛乳　20cc　　┘

キルシュ風味のシロップ　下記を混ぜておく
- シロップ(→P35)　100cc
- キルシュ　50cc

ピスタチオのムース
- イタリアン・メレンゲ(→P77)　基本分量
- ピスタチオ風味のアングレーズソース
  - 卵黄　3個
  - 牛乳　250cc
  - ピスタチオペースト(市販)　100g
- ゼラチン　10g　もどしておく(→P115)
- キルシュ　15cc
- 生クリーム　300g

ヌガティーヌ(→P150)　約300g
グラス・ロワイヤル(→P110)　適量
ピスタチオ・マッセ
- グラニュー糖100g
- 水　20cc
- ピスタチオ(皮むき、乾燥)　100g

1　パータ・ジェノワーズ(→P32)を参照し、チョコレート風味のパータ・ジェノワーズをつくる。ココアは薄力粉と合わせて使い、牛乳はバターと合わせて湯煎で溶かし、最後に加え混ぜる。オーヴンペーパーを敷いた60×40cmの天板に流して200℃で10分焼き、冷ましておく。

2　ムースをつくる。まずイタリアン・メレンゲをつくる(→P77)。次に卵黄、牛乳、ピスタチオペーストを鍋に入れて中火にかけて溶きのばし、木ベラで混ぜながら83℃まで温めてピスタチオ風味のアングレーズソースをつくる(→P79)。もどしたゼラチンを加えて溶かし、ボウルに裏漉しして氷水にあてて混ぜながら人肌に冷ます。キルシュ、角が立つまでしっかり泡立てた生クリーム、イタリアン・メレンゲの順に加えて、そのつどさっくり混ぜる。

3　1の生地を直径5cmに40枚抜く。トレイに並べたセルクルの底に20枚を敷いてキルシュ風味のシロップを塗り、半分まで2のムースを入れる。シロップを塗った残りの生地を入れ、型いっぱいまでムースを詰めて冷やし固める。

4　ヌガティーヌを薄くのばして直径5cmに抜き(→P151)、端を曲げて、紙のコルネ(→P21)に入れたグラス・ロワイヤルで線描きする(→P110)。

5　ピスタチオ・マッセをつくる。砂糖と水を115℃に煮つめ、ピスタチオを入れて木ベラで混ぜ(火はつけたままでも、止めてもよい)、糖化させる。

6　3が固まったら型からはずし(→P115)、4のヌガティーヌとピスタチオ・マッセを上に飾る。

プラランの応用菓子

マスコット・プラリネ
Mascotte pralinée

分量　長径7cmの楕円形セルクル20個分
パータ・ジェノワーズ
＊使用型大とひとまわり小さい抜き型を用意する。
- 全卵　5個
- グラニュー糖　150g
- 薄力粉　150g　ふるう
- 無塩バター　50g　湯煎で溶かしておく

キルシュ風味のシロップ　下記を混ぜておく
- シロップ(→P35)　100cc
- キルシュ　100cc

プラリネ入りバタークリーム
- 卵黄　4個
- グラニュー糖　25g
- 生クリーム　200g
- プラリネ(→P148)　200g
- 無塩バター　250g　常温で柔らかくもどしておく

プララン(→P154)　適量
アマンド・カラメリゼ(→P153)　20粒

1　パータ・ジェノワーズをつくる(→P32)。オーヴンペーパーを敷いた60×40cmの天板に流して200℃で10分焼き、冷ます。使用セルクル大とそれよりひとまわり小さいサイズの抜き型で20枚ずつ抜く。余った生地でさらに小さいもの(切りくずでよい)も20枚つくる。

2　プラリネ入りバタークリームをつくる。ボウルに溶いた卵黄と砂糖を入れて白っぽくなるまでまわし混ぜる(→P14)。鍋に生クリームとプラリネを入れて温め、卵黄のボウルに入れて混ぜ、鍋にもどす。中火にかけて混ぜながら83℃まで温める。これをミキサーに移して冷めるまで高速で泡立てる。柔らかいバターをちぎって入れ、さらに攪拌する。

3　トレイにセルクルを並べる。セルクル大の生地を焼き目を上にして底に入れ、シロップをハケで塗り、プラリネ入りバタークリームを型の3分の1まで絞る。シロップを塗った一番小さい生地を中心に置いて押さえ、クリーム、シロップを塗ったひとまわり小さい生地、クリームの順に入れ、型の高さで均す。

4　表面にプラランをふって冷やし固める。

5　固まったら型からはずし(→P115)、サイドにもプラランをまぶしつける。中央に口径8mmの星口金でクリームを絞り、アマンド・カラメリゼを飾る。

クラクランの応用菓子

ケック・オ・ショコラ
Cake au chocolat
＊でき上がりは→P155

分量　直径15cmのクグロフ型3台分
＊型にはバターを薄く塗って冷やしておき、
　生地を流す直前に強力粉をふる。
ヘーゼルナッツ　140g
＊皮をむいて、香ばしくローストする(→P141)。
バターケーキ生地
　無塩バター　150g　常温にもどしておく
　タンプータン(皮むき、乾燥。→P142)　240g
　卵黄　7個
　クーヴェルチュール(→P129)　120g　刻んでおく
　＊湯煎で45〜50℃に溶かしておく。
　メレンゲ
　　卵白　7個分
　　グラニュー糖　60g
　薄力粉　60g ┐合わせてふるう
　ココア　30g ┘
パータ・グラッセ(→P129)　適量
＊湯煎で溶かし、使うときに
　40℃くらいに調整する。
クラクラン(→P155)　適量

1　ローストしたヘーゼルナッツを刻んでおく。
2　生地をつくる。柔らかくもどしたバターをボウルに入れ、泡立て器で混ぜてクリーム状にし、タンプータンをふり入れてしっかりまわし混ぜる(→P14)。
3　溶きほぐした卵黄を少しずつ加えて同様に混ぜ、次に湯煎で溶かしたクーヴェルチュールを加え混ぜる。
4　別のボウルに卵白を入れ、砂糖を加えながら泡立てて、角の先がすぐに曲がるくらいの柔らかめのメレンゲをつくる(→P12)。
5　3にメレンゲと合わせてふるった粉類を交互に少しずつ加え、そのつどゴムベラで切るように混ぜる(→P14)。ローストしたヘーゼルナッツも加え混ぜる。
6　準備した型に5を流し入れ、170℃で約1時間焼く。焼けたら型から抜いて、冷ます。
7　溶かしたパータ・グラッセを全体にかけ、固まる前に裾にクラクランを手でつける。

コンフィチュールの応用菓子

エコセーズ
Ecossaise

分量　直径8cmのフラン型8個分
パート・シュクレ(→P51)　300g
マーマレード(→P163)　80〜100g
クレーム・フランジパンヌ
　アーモンドクリーム(→P78)　300g
　カスタードクリーム(→P70)　150g
グラス・ロワイヤル(→P110)　適量
アプリコットジャム　適量
食紅　少量

1　パート・シュクレを2mm厚さにのばし、ピケして型に敷きこみ(→P54)、マーマレードを10gくらいずつ塗る。クレーム・フランジパンヌをつくり(→P78)、大きめの丸口金で50gずつうず巻状に絞って、180℃で約25分焼く。焼き上がったらひっくり返して冷まし、表面を平らにする。
2　グラス・ロワイヤルを紙のコルネ(→P21)に入れて表面に格子状に絞る(→P110)。水少量(分量外)で溶いた食紅をアプリコットジャムに加えて煮つめ、紙のコルネに入れてグラス・ロワイヤルと同じ高さになるように格子の中に絞り、格子を1つおきに埋めていく。アプリコットジャムと少量の水(分量外)を塗りやすい固さになるまで煮つめ、熱いうちにハケで全体に塗って固める。

ジャンデュジャ
Gianduja

ナッツのペーストを加えたチョコ。ボンボン・ショコラに

チョコレートとナッツを混ぜた副素材の1種で、プラリネとチョコレートを合わせたような生地。ボンボン・ショコラに使うことがほとんどだが、ガナッシュのようにクリームとしてはさむこともある。以下は配合の1例で、ナッツやチョコレートの種類を替えれば、また違った味わいになる。

分量　でき上がり約1.8kg
アーモンド　250g
ヘーゼルナッツ　250g
＊以上、それぞれ皮をむき、ローストしておく。
グラニュー糖　500g
ミルクチョコレート　750g　刻んでおく
カカオバター（→P129）　125g
＊チョコレートとカカオバターは、
　湯煎で45〜50℃に溶かしておく。

1　アーモンドとヘーゼルナッツはよく冷まし、砂糖といっしょにフードプロセッサーに入れ、細かく挽く（写真a）。
＊この段階で「T.P.T. grillé」（→P142）といえる。
2　湯煎で溶かしたミルクチョコレートに、カカオバターを加えて混ぜ合わせる（写真b）。
3　1をボウルに移して2を加え混ぜ（写真c）、ローラーに通してさらにきめ細かくする（写真d）。

応用菓子

ジャンデュジャ・クルスティヤン
Gianduja croustillant

分量　54個分
ジャンデュジャ500gを湯煎で溶かし、ローストして冷ましたアーモンドダイス100gを加えて混ぜ、18cm角の型に流す。固まったら型からはずし、2×3cmに切り分けてフォークにのせ、テンパリング（→P130）したクーヴェルチュール（1kgは必要）に浸してチョコレートをコーティングし、放置して固める。固まる前にフォークで筋をつけたり、焼いたアーモンドをのせる。

デュシェス
Duchesse

分量　直径4cm50個分（生地としては100枚分）
タンプータン（→P142）280gと薄力粉30gをボウルにふるう。卵白80gを加えて混ぜてから、溶かしバター80gを混ぜて生地をつくる。バターを薄く塗った天板に、口径10mmの丸口金で直径3cmの円形に絞り出し、180℃で約20分焼く（直径4cm大になる）。湯煎で柔らかくしたジャンデュジャ200gを50枚の生地の平らな面に丸口金で絞り、残りの生地を重ねてはさむ。

自分でつくる副素材と砂糖菓子
2 フルーツ

糖液(シロップ)の加熱温度による変化

名称	温度(℃)	糖分濃度(%brix)	冷えた時の状態	利用例
ナッペ	105	70	糖液にヘラをつけると、表面が薄い糖液でおおわれる	パート・ド・フリュイ フルーツ・コンフィ フルーツの保存 ボンボン・リキュール
フィレ	110	84〜85	冷やした親指と人差し指で糖液をとると、2〜3cmの糸を引く	バタークリーム フルーツ・コンフィ ジュレ
プティ・ブーレ	115〜117	87〜95	冷やした指の間にとると、柔らかい玉ができる	パート・ダマンド バタークリーム メレンゲ フォンダン(グラッサージュ) マロン・グラッセ
ブーレ	120	90〜97	糖液の玉はまだ柔らかいがより容易に転がる	メレンゲ バタークリーム パート・ダマンド フォンダン(ボンボンの中身)
グロ・ブーレ	120〜130	90〜98	糖液の玉は固く、丸のまま残る	柔らかいキャラメル
プティ・カッセ	135〜140	99	冷やした指の間にとると、もう玉はできず曲げられるようになり、噛むと歯に粘着する	モンテリマールのヌガー(柔らかい) ボンボン、キャラメル
グラン・カッセ	145〜150	100	プティ・カッセのように割れるが、もう歯には粘着しない	固いヌガー ジャム パート・ド・フリュイ 引き飴(シュクル・ティレ) 飴(シュクル・スフレ)
プティ・ジョーヌ	155	脱水し、融解しはじめる	うっすらと黄色に色づく	グラッサージュ フリュイ・デギゼ 引き飴 吹き飴、流し飴
ジョーヌ	160	脱水融解	ワラの色に近い黄色	サランボのグラッサージュ サントノレのシュー ピエス・モンテ ヌガティーヌの接着
グラン・ジョーヌ	165	脱水融解	濃い黄色	ヌガティーヌ プラリネ 濃いカラメル
カラメル	180以上	脱水融解	糖液は焦がされ、色はどんどん濃くなる	クレーム・カラメル カラメル・ブラン グラス・カラメル 着色料

参考:「基礎フランス菓子教本2」(柴田書店刊)他

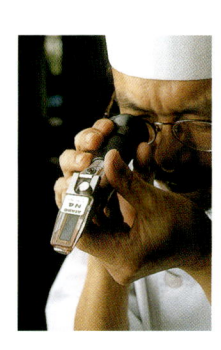

右 温度と糖度は関係がある(→上の表)。温度で糖度を知ることもできる。
左 屈折糖度計。砂糖菓子をつくるときには欠かせない。屈折率で計るもので、対象物をガラスに少量塗って使う。糖度は「屈折」を意味するBrixを%につけて○%Brixで表わす。数値は糖分濃度と同じものを意味する。

フルーツと砂糖の出会い

■加熱による砂糖の変化

砂糖は、加熱によって変化する特性がある。シロップを加熱していくと水分が蒸発し、糖度が高くなるにしたがって沸点が上昇し、それぞれの加熱温度(濃度)によって冷却したときの状態が変化していく。

たとえば105℃になると、「ナッペ」といって、ヘラですくって落とすと、ヘラの面にうっすらとシロップの膜がつく。110℃になると、冷水で冷やした指の間で糸状(フィレ)にのばすことができる。135〜160℃に熱するとさらに粘性が高まり、飴状になって、冷ますと歯にくっついたり割れやすくなる(詳しくは左の表)。

砂糖菓子や副素材はこうした砂糖の特性をうまく利用してつくられる。たとえば飴衣をつけたフリュイ・デギゼ(→P170・シロップA)。155℃まで熱したシロップを材料にからめて冷ますと、飴状の衣にくるまれ、パリッとする。一方、フリュイ・デギゼの糖衣がけ(同・シロップB)は、シロップを沸騰させてから冷ますことで、溶解度の差(→P137)をつくって結晶化しやすくする。

またコンフィチュール(ジャム)やコンフィ(砂糖漬け)、パート・ド・フリュイ(フルーツゼリー)などは、すべて糖度を70%brix(%brixは%ブリックスと読み、値は濃度と同じ)に仕上げることが基本になる。これは70%brixが、保存に関係する重要な糖度であるからだ。

食品の腐敗には、水分が関係する。水分といっても、ほかの物質とかかわりなく存在する「自由水」が問題となる。砂糖には保湿性があり、シロップ中の砂糖が増えるほど水分が砂糖に引きつけられて「結合水」に変わっていき、自由水が少なくなっていく。水分の全体量が減って、かつ結合水が増えるのが70%brixで、これ以上になると腐敗菌が繁殖しにくい状態となる。衛生面からも、砂糖の特性はきっちり頭に入れておく必要があるだろう。そして表でもわかるように、こうした糖度は温度とリンクしていることも覚えておきたい。糖度70%brixは105℃まで熱したときに得られるのである。

■フルーツ選びが決め手

ここに紹介するものは、いずれも大量の砂糖を使う。砂糖の量とバランスをとるためには、フルーツ自体を吟味する必要が出てくる。中でも大切なのは、酸味があるフルーツを選ぶことだ。砂糖が加わることによって、酸味がフルーツ自体の風味とともに凝縮され、うまさに転じる。おいしくつくれば、コンフィチュールやコンフィなどは副素材としても多彩に活用でき、お菓子の幅を広げてくれることだろう。また、甘いものをちょっとだけ、エスプレッソやお酒、紅茶と合わせて食べるといった、新しいお菓子の楽しみ方も味わえる。

コンポート
Compote
シロップを含ませてつくるデザート

フルーツをシロップで煮たもの。冷たく冷やしてデザートとして食べられる。使うシロップは水分1ℓに対して砂糖400g。炊き上がりでその糖度は約30％brixとなる。シロップで炊くほか、真空パックにして低温でシロップをフルーツに浸透させる方法もあり、この場合はくずれやすい柔らかなフルーツでもコンポートにできる。ここではフレッシュフルーツを使ったものをプロセスで詳しく追い、ほかに乾燥フルーツを使ったものやワインを加える方法なども紹介した。

洋ナシのコンポート
Compote de poires
フレッシュフルーツでつくる

分量
洋ナシ(ル・レクチェ使用) 3個 ＊くずれにくい固めのものを選ぶ。
レモン汁 少量
シロップ
┌ 水 1ℓ
│ グラニュー糖 400g
│ レモンの輪切り 2枚 ＊色止め用。½個分のレモン汁でもよい。
└ バニラスティック(裂かない) 1本

1 洋ナシは皮をむき、レモン汁を加えたひたひたの水(分量外)に浸けておく。
＊大きいものは半割にし、種の部分をくりぬいて使う。

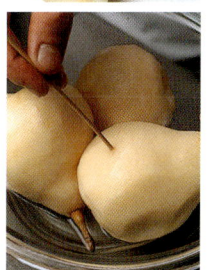

2 このとき、竹串を刺して加熱する前の固さを感触で知っておく。

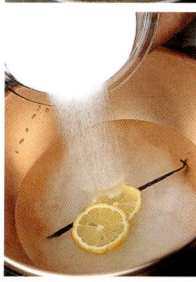

3 シロップをつくる。鍋にシロップの材料をすべて入れて火にかけ、沸騰させる。
＊シロップが汚れるのでバニラスティックは裂かない。

4 3の鍋に2の洋ナシを入れ、オーヴンペーパーに穴をあけてつくった紙蓋をする。40分(半割ならば20分)ほど弱火でコトコトと静かに沸騰させながら加熱する。

5 竹串で刺して、加熱前と比べてスッと軽く串が通るようになれば、中まで火が入った証拠。火を止める。鍋ごと常温で放置し、冷ましておく。

ドライプラムのワイン煮
Compote de pruneaux
乾燥フルーツでつくる

分量
ドライプラム 500g
シロップ
┌ 赤ワイン 400cc
│ 水 100cc
│ グラニュー糖 200g
│ レモンとオレンジの輪切り 2〜3枚ずつ
│ シナモンスティック 1本
└ バニラスティック(裂かない) 1本

ワインとシナモンスティックを加えたシロップで、洋ナシのコンポートと同じ要領でつくる。ただし沸騰したシロップにドライプラムを入れてからの加熱時間は4〜5分にする。

真空パックでつくる
イチゴなどの柔らかいフルーツでも
形崩れせずにコンポートにできるのが長所
そのまま冷蔵庫で保存するにも便利

分量と洋ナシの処理は左に同じ。ただし洋ナシは半割にして種をのぞき、熱が通りやすくする。シロップの材料を沸かして砂糖を溶かし、冷ましておく。これと洋ナシを真空パックにし、バットに入れた湯に浸け、80℃に維持しながら30〜40分加熱する。
＊材料の大きさ、固さで時間は異なる。ホールの場合はこの約2倍の加熱時間がかかる。

コンフィテュール
Confiture
お菓子の副素材としても使えるジャム

いわゆるジャムのことで、フルーツをほぼ同量の砂糖といっしょに火にかけ、105℃、あるいは糖度67～70％brixになるまで煮つめたもの。焼き上がった生地に塗ったり、いっしょに焼きこんだりして使う。ここでは、種ごとつくるフランボワーズ・ペパンと、ペクチンが豊富に含まれるオレンジの皮のマーマレードを紹介する。フルーツによってはペクチンを補ってつくる場合もある。

フランボワーズ・ペパン
Framboise pépin
1晩砂糖にからめてから炊く種入りジャム

分量　でき上がり約750g
＊詰めるビンはあらかじめ煮沸し、乾燥させておく。
フランボワーズ（冷凍。ホール）　500g
グラニュー糖　300g
レモン汁　適量

別のつくり方
フルーツと、砂糖またはシロップを合わせて1晩おいたのち、フルーツとシロップに分けて、シロップだけを110℃（糖度84％brix）に煮つめ、フルーツをもどして105℃（糖度70％brix）まで煮つめると、煮くずれない「プレザーブタイプ」となる。

1　ボウルに入れたフランボワーズに砂糖をまぶしてラップをかけ、常温で1晩おいて果汁を出させる。写真奥が1晩おいたもの。

2　銅鍋に1を入れて強火にかけ、水でぬらしたハケではねた汁を拭いながら炊く。焦げやすいので、常にヘラなどで底を混ぜること。

3　途中でアクをとりながら炊いていく。
＊アクはとってもとらなくてもよいが、アクをとると、濁らず透明感のある仕上がりになる。

4　105℃、70％brixになるまで煮つめる。最後にレモン汁を加えて火を止める。糖度でみる場合は、途中で何度か糖度計でチェックする。

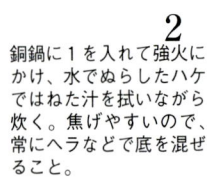

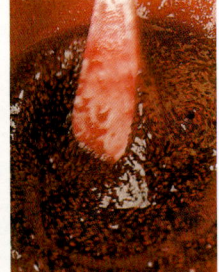

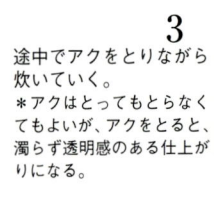

5　炊き上がった状態。熱いうちに煮沸して乾かしたビンに入れて蓋をする。
＊強火で炊くのは、鮮やかな赤色を残すようにするため。ゆっくり時間をかけて炊いていると、砂糖の焦げ色がついて黄色っぽくなる。

6　ビンをひっくり返して冷ます。ビン中の空気も80℃以上に熱せられて殺菌される。
＊最後に空気まで殺菌して万全を期す。なお、ジャムを詰めたビンを80℃の湯に口まで浸かるように入れて30分加熱する殺菌法もある。

利用例
パイエット・フランボワーズ
Paillette framboises

パルミエ（→P62）のプロセス1の生地を、グラニュー糖をふりながら30cm角の正方形にのばし、10cm幅のタテ長に3等分して重ねる。同プロセス3～4の要領でカットして焼く（砂糖はつけずに焼く）。断面にフランボワーズ・ペパンを塗って、2枚1組にしてはさむ。

マーマレード
Marmelade d'orange

柑橘系フルーツの皮でつくるジャム

分量　でき上がり約750g
＊詰めるビンはあらかじめ煮沸し、乾燥させておく。
オレンジ　500g
水　オレンジの果肉の重量の倍量
グラニュー糖　500g

1 オレンジの皮にタテにぐるりとナイフを入れてから、スプーンの柄を果肉と皮の間に差し入れて、皮をはずす（→P167・1）。

2 適当な長さの1mm厚さにスライスする。

3 鍋にたっぷりの湯を沸騰させて2の皮を入れ、ふたたび沸騰したらざるにあけて水気を切る。
＊皮についたワックスと苦味をとるため。1度ゆでこぼすと、シロップの浸透もよくなる。

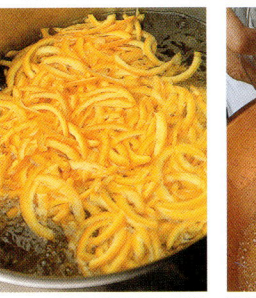

4 果肉は薄皮、種、筋をとらずにざく切りにし、計量しておく。
＊薄皮、種、筋などはペクチンを含むのでのぞかない。果肉の倍量の水を使うために計量する。ここでは400gだったので、水は800cc使う。

5 4で計量した果肉とその倍量の水を鍋に入れてとろ火にかけ、ヘラかレードルなどでつぶしながら30分ほど炊く。
＊皮、種、筋にあるペクチンをゆっくりと時間をかけて抽出する作業。

6 大きなボウルの上にバール（金属棒）と漉し器をのせ、5をあけて漉す。押し搾ると濁るので、そのまま汁気が切れるまでおいておく。

7 6で漉した汁を銅鍋に移し、3の皮を入れてゆっくり煮ていく。爪で押してみて皮が切れる柔らかさになれば砂糖を加える。砂糖は5回くらいに分けて加えていく。沸騰させたところにまず5分の1量の砂糖を入れ、コトコトいう程度の弱火で煮ていく。

8 残りの砂糖は7〜8分ごとに加えていく。透きとおったでき上がりの状態。これをフランボワーズ・ペパンと同様にビンに詰めて逆さまにして冷ます。
＊砂糖は少量ずつ分けて加え、徐々に味を浸透させるので、皮が固くならず、透明感が出る。

エコセーズ
Ecossaise

タルト生地にアーモンドクリームやクレーム・フランジパンヌなどを絞りこんで焼くとき、敷きこんだ生地の上にマーマレードを塗り広げると、風味に変化がつく。エコセーズのつくり方は→P157。

パート・ド・フリュイ
Pâte de fruits
ペクチンで固めたフルーツゼリー

ピュレまたはジュースと、ほぼ同量の砂糖を糖度70％brixまで煮つめ、ペクチンで固めたフルーツゼリー。そのまま菓子として食べるもので、コンフィズリー（砂糖菓子屋）で販売されるアイテムの1つでもある。多量の砂糖が入るので味のバランスをとるため、また酸がペクチンの凝固力を高めるので、酸味が強いフルーツのピュレが適している。ここではグロゼイユ（赤スグリ）でつくるプロセスを紹介し、ほかのフルーツのものは配合のみを掲載した。ペクチンの量などは使うフルーツによって異なることにも注目したい。

Pâte de groseille
●グロゼイユのパート・ド・フリュイ

分量　18cm角×1.5cm厚さ1枚分
グロゼイユのピュレ（冷凍）　500g
＊冷蔵、または常温でもどしておく。
水飴　60g
グラニュー糖　500g
ペクチン（HM）　8g
＊HM＝高メトキシル基ペクチン。
　全重量の55〜80％の砂糖、pH2.7〜3.5の強い酸で固まるゲル化剤。
クエン酸溶液　5cc
＊クエン酸を同じ重量のぬるま湯に溶かしたもの。以下同様。
微粒グラニュー糖（仕上げ用）　適量

Pâte de fruit de la Passion
●パッションフルーツのパート・ド・フリュイ

分量　18cm角×1.5cm厚さ1枚分
パッションフルーツのピュレ（冷凍）　400g
アプリコットのピュレ（冷凍）　100g
＊パッションフルーツだけでは酸味が強すぎるので加える。
＊ピュレはともに冷蔵、または常温でもどしておく。
水飴　70g
グラニュー糖　550g
＊酸味が強いフルーツなので砂糖は多めにした。
ペクチン（HM）　12g
クエン酸溶液　5cc
微粒グラニュー糖（仕上げ用）　適量

Pâte de citron vert
●ライムのパート・ド・フリュイ

分量　18cm角×1.5cm厚さ1枚分
ライムジュース　500cc
水飴　170g
＊ジュースがサラサラなので水飴は多めに入れて粘性を出す。
　その分砂糖は少ない配合。
グラニュー糖　450g
ペクチン（HM）　15g
クエン酸溶液　5cc
微粒グラニュー糖（仕上げ用）　適量

グロゼイユのパート・ド・フリュイ

1
もどしたピュレを銅ボウルに入れ、水飴を加えて火にかけ、沸騰させる。
＊水飴の計量方法、扱い方については→右下。

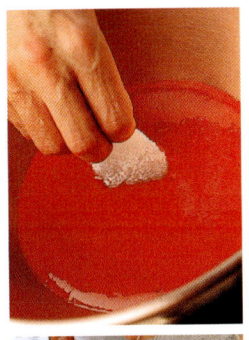

2
砂糖のうち50gとペクチンを混ぜ合わせておき、これを1にふり入れ、1〜2分煮立ててよく溶かす。
＊直接ペクチンを入れるとダマになるので、使用する砂糖の一部と混ぜて使う。ペクチンの使用量はそのフルーツにもともと含まれるペクチン量によって変わる。

3
残りの砂糖を4〜5回に分けて加え、そのつど沸騰させる。
＊1度に砂糖を加えると溶けにくいので、分けて加える。

4
加えた砂糖の全量が溶けたら、105℃、糖度70％brixまで煮つめる。

5
4を火からおろし、クエン酸溶液を加えてよく混ぜる。
＊クエン酸溶液の量も、フルーツによっては多少増減する。クエン酸は、ペクチンの凝固力を高めるために加える。

6
混ざったらすぐに、シルパットにのせた四角い型に流しこみ、常温で冷まして固まるのを待つ。

7
固まったら枠をはずし、微粒グラニュー糖をまぶしてくっつかないようにしてからギッター（写真のカットする道具）などでカットし、断面にも砂糖をまぶす。
＊仕上げ用の砂糖は、微粒グラニュー糖がなければ通常のグラニュー糖でもよい。

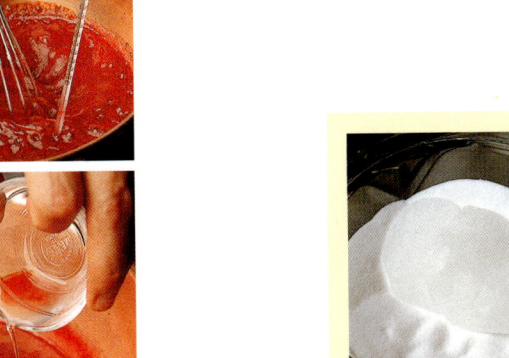

水飴の計量、扱い方

水飴はぬれた手でとって、使用する砂糖の上にのせて計量し、砂糖の重量を差し引けばよい。水飴は砂糖をまぶすことで手でつかめるので、扱いやすくなる。

コンフィ
Confit

糖度を徐々に上げてつくる砂糖漬け

フルーツの砂糖漬けのこと。フルーツをシロップに浸けこみ、そのシロップだけを毎日とり出して煮つめ、フルーツにもどしていくことをくり返すことで、徐々に砂糖を浸透させる。糖度は70％Brixまで上げる。バターケーキ生地に混ぜこんで焼いたり、生ケーキに仕込んだりして使う。またチョコレートでコーティングするなどして、そのまま砂糖菓子としても食べる。糖度を55％Brixに抑えたものはミ・コンフィと呼ぶ。

オレンジの皮のコンフィ

シロップの浸透具合の経過
一番右端は初日のもので、その隣りから順に糖度が55、60、65、そしてでき上がりの70％Brix。毎日シロップだけを煮つめてはもどすことで、皮に徐々に浸透していく様子がわかる。

オレンジの皮のコンフィ
Ecorce d'orange confite

分量　オレンジの半割10個分
オレンジの皮　5個分
シロップ
　水　800cc
　グラニュー糖　600g
　バニラスティック　1本

シロップを洗ってから使う
でき上がりはべたつくので、通常は水でシロップを洗い落とし、水気をふきとってから使う。

1 オレンジはよく洗って水気をふきとる。ナイフで皮中央に、タテにぐるりと切りこみを入れる。テーブルスプーンの柄を切り目から果肉と皮の間に差しこんで1周させ、皮半分をはずす。もう半分も同じ要領ではずす。

2 沸騰したたっぷりの湯に1の皮を入れ、ふたたび沸騰したらざるにあける。同じ要領で合計3回ゆでこぼしてアクをのぞく。同時に柔らかくなり、シロップも浸透しやすくなる。
＊3回ゆでこぼすのは、1度に長く煮るとアクがふたたびつくから。鍋にもアクがつくので、そのつど洗う。

3 水、砂糖、バニラスティック（裂かない）を鍋に入れて沸かし、シロップをつくる。
＊最初のシロップの糖度は40％Brix強。

4 3が沸騰したら火を止め、2のオレンジの皮を入れてフォークなどで押して皮を沈め、よく浸かるようにする。

5 鍋の大きさに合わせて切ったオーヴンペーパーで蓋をして、常温で1日おく。

6 シロップと皮を分ける。バール（金属棒）などの上に漉し器をのせて、皮をとり出し、皮についたシロップを自然に落下させる。
＊皮にシロップが残ると、シロップを炊いて糖度を上げても、皮をもどしたときに薄まるのでよく落とす。

7 漉したシロップを鍋にもどし、シロップだけを火にかけて沸騰させて火を止める。ここに皮をもどし入れてフォークなどで沈めてふたたび紙蓋をし、常温で1日おく。

8 糖度が70％Brixになるまで6〜7の作業を毎日くり返す。10日〜2週間ほどでできあがる。
＊毎日シロップの糖度を上げて徐々に浸透させていく。

パイナップルのコンフィ
Ananas confit

缶詰のフルーツを使って

缶詰の場合、そのシロップの糖度は一般的に30％Brixである。このシロップを利用し、さらに新しくつくったシロップと合わせてコンフィをつくる。缶詰のシロップのにおいが気になるなら、その分を新しくつくってもよい。写真は洗ってよく乾かしたコンフィに、グラス・ア・ロ（→P108）を薄くコーティングしてオーヴンで乾かしたもの。

分量　1缶分
シロップ
┌ 水　250cc
└ グラニュー糖　125g
パイナップルの缶詰　1缶分（内容量567g、固形分340g）

1　鍋に水と砂糖を入れて沸騰させ、シロップをつくる。
2　缶詰のシロップを加えて再度沸騰させ、ここにパイナップルを入れて、ふたたび沸騰させて火を止める。紙蓋をして冷ます。
3　翌日シロップとパイナップルを分け、シロップを沸騰させて火を止め、パイナップルをもどす。あとはオレンジの皮のコンフィと同様に、毎日シロップを煮立てて糖度を上げて仕上げる。

洋ナシのコンフィ
Poire confite

フレッシュフルーツに色をつける

フルーツのコンフィをとり合わせたとき、彩りを補う目的で洋ナシを緑色に色づけすることがある。

分量　洋ナシ3個分
洋ナシ　3個
シロップ
┌ 水　500cc
└ グラニュー糖　250g
緑の色粉　適量

1　洋ナシは皮をむいて半割にし、種をのぞく。
2　鍋に水と砂糖を合わせて煮立ててシロップをつくる。洋ナシを加えて再沸騰させて火を止め、紙蓋をして冷ます。
3　翌日シロップと洋ナシを分け、シロップに色粉を混ぜて沸騰させて火を止め、洋ナシをもどす。あとはオレンジの皮のコンフィと同様に、毎日シロップを煮立てて糖度を上げて仕上げる。

応用菓子

コンフィのチョコレートがけ
Orangette/Ananas confit chocolaté

分量
オレンジの皮のコンフィ(→P167)　適量
パイナップルのコンフィ(→左頁)　適量
フォンダン(市販、または→P138)　適量
└ボーメ30°のシロップ　少量
　＊グラニュー糖1：水1を加熱して砂糖を溶かし、冷ましたシロップ。
クーヴェルチュール(→P129)　適量

1　コンフィはいずれも洗って乾かしておく。オレンジの皮のコンフィは細長くカットし、パイナップル(輪切り状)のコンフィは10等分にする。クーヴェルチュールはテンパリング(→P130)しておく。
2　フォンダンにシロップを少し足してかけられる固さにし、人肌以下(35℃前後)に温める(→P111)。そこにパイナップルを8分めほど沈めてフォンダンをからませ、乾かし固める。
3　テンパリングしたクーヴェルチュールに2のパイナップルを7分めまで浸ける。オレンジは端を持ち、7～8分めまで浸ける。それぞれオーヴンペーパーの上に並べて固める。

パン・ド・ジェンヌ・オ・フリュイ
Pain de Gênes aux fruits

分量　長径7cmの楕円型25個分
パート・シュクレ(→P51)　基本分量
パン・ド・ジェンヌ生地
　全卵　3個
　グラニュー糖　125g
　アーモンドプードル　125g
　薄力粉　35g　　　　　]合わせてふるう
　コーンスターチ　35g
　無塩バター　50g　湯煎で溶かしておく
ラム酒風味のシロップ　下記を混ぜておく
　シロップ(→P35)　100cc
　ラム酒　100cc
ナパージュ(市販)　適量
フルーツのコンフィのラム酒漬け
　オレンジの皮のコンフィ(→P167)　適量
　ドレンチェリーのコンフィ(市販)　適量
　洋ナシのコンフィ(→左頁)　適量
　ラム酒　適量
　＊コンフィは彩りよくとり合わせ、シロップを洗い落として水気をふきとり、5mm角に切って浸かるくらいのラム酒に1晩浸けておく。
グラス・オ・ロム(→P108)　適量

1　パート・シュクレをつくり(→P51)、タルトレット型に敷きこむ(→P54)。
2　パン・ド・ジェンヌ生地をつくる。卵と砂糖をリボン状に泡立てる。ここに合わせてふるった粉類をふり入れて切るように混ぜる(→P14)。さらに溶かしバターを加えて同様に混ぜ、大きめの丸口金で型に絞りこみ、180℃のオーヴンで約20分焼く。焼き上がったら型からはずし、表面が平らになるように逆さまにして冷ます。
3　上面にハケでラム酒風味のシロップを塗ってから少量の水(分量外)を加えて煮つめたナパージュを塗り、ラム酒漬けのフルーツのコンフィを汁気を切ってのせる。さらにフルーツにも同様に煮つめたナパージュを塗る。
4　グラス・オ・ロムをハケで表面に塗り、200℃のオーヴンに入れて表面が透きとおるまで2～3分乾かす(→P108)。

フリュイ・デギゼ
Fruit déguisé

飴状、または結晶化した糖衣をからませたお菓子

デギゼとは「装われた」という意味。飴でおおったフルーツをフリュイ・デギゼという。砂糖菓子の1つで、そのまま食べる。フリュイ・デギゼを飴がけするシロップには2種類ある。つやつやしたもの（sucre cuit）と結晶化させたもの（sucre candi）。主にドライフルーツやフルーツのコンフィ、マジパン、ナッツなどに用いる。生のフルーツに使えるのは前者のみ。後者はシロップに長く浸けこんで糖化させるもので、生のフルーツでは浸透圧でフルーツから水分が出て糖化しない。

シロップA (sucre cuit)

フリュイ・デギゼ

材料
* マジパン（→P144、または市販）を使うものは成形したあと1晩くらい乾燥させる。

ドレンチェリーのコンフィ（3色。市販）
* マジパンを棒状にして半割のチェリーではさむ。

ドライプラム
* タテにカットして種をとったところにピンクに着色したマジパンを詰める。

クルミ
* コーヒーで着色したマジパンを半割にしたクルミではさむ。

ヘーゼルナッツ
* 緑の色粉で着色したマジパンにヘーゼルナッツをのせてつくる。

生のイチゴ、ブドウ、ミカン
* イチゴは固く絞ったフキンできれいにふいておく。ブドウは枝を少し残して切りとり、汚れをふきとる。ミカンは皮をむいて房に分けて筋をとり（薄皮はむかない）、少し乾かす。

●シロップA (sucre cuit)

水　200cc
グラニュー糖　500g
水飴　100g

* セロテープなどでキャドル2つを貼り合わせて（幅広のキャドルなら1つでOK）立て、シルパットやトレイなどに固定したものを用意しておく。
* 消毒した針金を、キャドルの側面の幅より10cm程度長めにカットしておく。

●シロップB (sucre candi)

水　1ℓ
グラニュー糖　2.25kg

* 同じ大きさのアミ2枚と、それが入る深めのバットを用意する。アミ1枚の両端に曲げた針金をとりつけ、持ち手をつくる。

シロップB (sucre candi)

シロップA（sucre cuit）を使って

1 シロップAの材料を銅鍋に入れて155℃に煮つめる。
＊砂糖は145〜160℃で飴状になり、フリュイ・デギゼには155℃の煮つめ具合が最適とされる。水飴が入るので結晶化しにくい。水飴の計量法、扱い方は→P165。

2 1の鍋底を水にさっと浸けて、余熱が入るのを防ぐ。

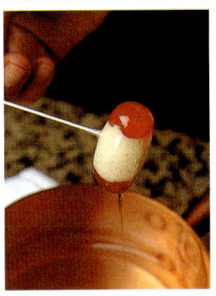

3 シロップに材料を入れてからめていく。マジパンやドライフルーツは用意した針金の両端に刺し、シロップが熱いうちにからめる。
＊シロップは熱いので火傷しないように慎重に作業する。からめたあとは、シロップが糸を引くのでさわらないように。

4 針金の両側ともシロップをからめたら、準備しておいたキャドルの上にそっとのせて飴を固める。
＊鍋のシロップが固くなってきたら、火にかけて浸けやすい柔らかさになるまで加熱し直して使う。

5 はみ出した糸状のシロップが固まりかけたところで、調理バサミでカットする。

フレッシュフルーツの場合

フレッシュフルーツは、傷のないものを選ぶこと。傷があるとそこから汁が出てシロップが薄まり、きれいな飴状にならない。同じ理由でしっかり水気をふきとることも大切だ。ヘタなどを持って右記シロップAの2のシロップに浸け、シルパット、またはステンレスのバットの裏面に並べていく。写真下のように、全体に飴をからめる場合は、シロップに落としてフォークですくい上げるとよい。

シロップB（sucre candi）を使って

1 持ち手をつけたほうのアミに、準備しておいた材料を間隔をあけて並べる。

2 1をバットに入れ、もう1枚のアミをそっとのせる。
＊バットやアミは汚れがないものを選び、よく洗って乾燥させておく。汚れが残っていると、シロップを注いだとき、その部分から結晶化する恐れがある。

3 水と砂糖を沸騰させ、砂糖を溶かしてシロップをつくる。ボウルに移して30℃まで自然に冷ます。これを2のバットの端から、ジョウゴで静かに注いでいく。
＊衝撃が加わると結晶化してしまうので、影響が少ないように端から静かに注ぐ。

4 常温で約15時間放置して糖化させる。シロップの中で結晶化した砂糖の粒が、少しずつ材料の表面についていく。

5 持ち手を持って静かにアミを上げて、トレイの上に置く。

6 乾くまで放置する。写真はまだシロップから上げたばかりの状態。表面に糖化した砂糖の結晶がついているのがわかる。

よくわかる
お菓子づくり
基礎の基礎

初版発行	2003年10月20日
6版発行	2007年9月10日
著者©	エコール 辻 東京
発行者	土肥大介
発行所	株式会社柴田書店
	〒113-8477　東京都文京区湯島3-26-9　イヤサカビル
書籍編集部	03-5816-8260
お問合せ	03-5816-8282（営業部・ご注文窓口）
ホームページ	http://www.shibatashoten.co.jp
振替	00180-2-4515
印刷・製本	凸版印刷株式会社
ISBN	978-4-388-05935-5

本書収録内容の無断転載・複写（コピー）・引用・データ配信
などの行為は固く禁じます。
乱丁・落丁本はお取替えいたします。
Printed in Japan